Mit Koffer, Kind und Kiwi durch Neuseeland

MANA

Für Emma

Bildnachweis
Alle Bilder von Elke Bons

Bibliografische Information der Deutschen Bibliothek
Die Deutsche Bibliothek verzeichnet diese Publikation in der deutschen Nationalbibliografie. Detaillierte bibliografische Daten sind im Internet über http://dnb.ddb.de abrufbar.

Umschlagentwurf, Layout und Satz
MANA-Verlag

Druck
Dardedze, Riga

ISBN
978-3-95503-081-0

Auch als E-Book erhältlich!

Elke Bons

Mit Koffer, Kind und Kiwi durch Neuseeland

Unsere Elternzeit – Erfahrungen und Tipps

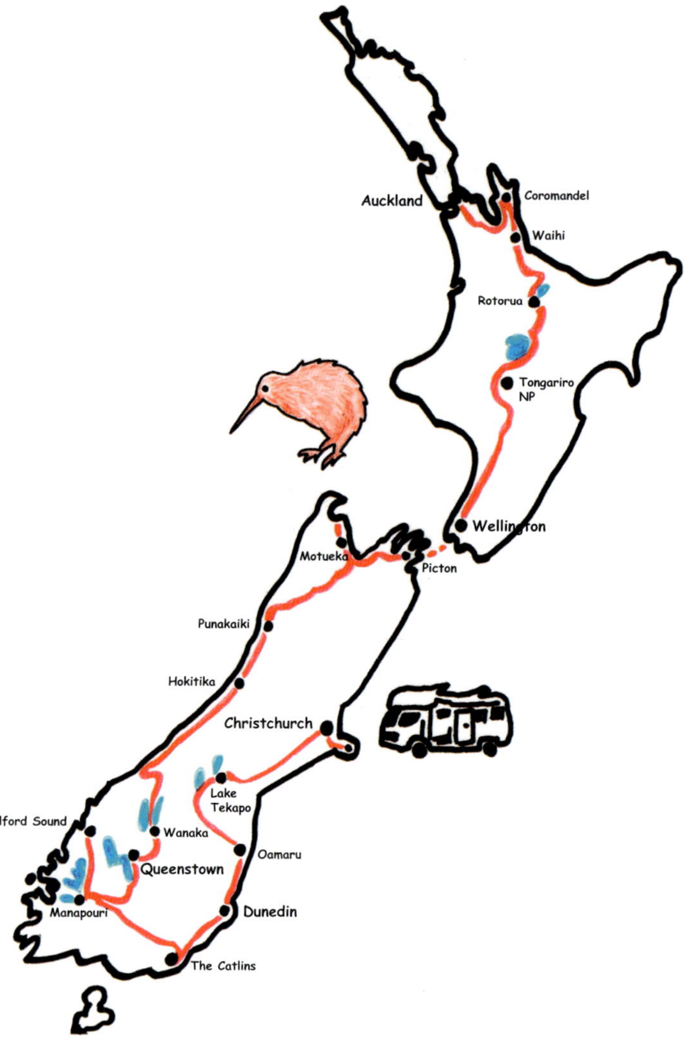
Auckland
Coromandel
Waihi
Rotorua
Tongariro NP
Wellington
Motueka
Picton
Punakaiki
Hokitika
Christchurch
Lake Tekapo
Milford Sound
Wanaka
Oamaru
Queenstown
Manapouri
Dunedin
The Catlins

Inhalt

Vorwort

Mit Koffer und Kind brachen wir auf, um in unserer gemeinsamen Elternzeit für zwei Monate den Berliner Winter hinter uns zu lassen und mit dem Wohnmobil durch den Spätsommer Neuseelands zu reisen. Wir, das sind Frank und ich mit unserer kleinen Tochter Emma, die ihre erste große Reise mit acht Monaten antrat. Der Kiwi gesellte sich in der Nacht dazu, auch wenn wir ihn immer nur zu hören und nie zu sehen bekamen.

Für mich war es die zweite, für Frank und Emma die erste Reise nach Neuseeland – ins Land der großen weißen Wolke, – das uns mit seiner Schönheit und der Vielfältigkeit der Natur immer wieder überwältigt hat.

Eine große Reise mit einem kleinen Kind. Was ist daran besonders? Vieles und auch wieder nicht so vieles. Für uns stellten wir fest:

- Mit einem Baby schafft man in der Regel nur die Hälfte von dem, was man geplant hat – doch das ist zuhause genauso! Es ist eine Einladung an die Entdeckung der Langsamkeit und Schönheit der kleinen Dinge und Momente
- Ein Baby öffnet so manch verschlossene Tür und die Herzen der Menschen
- Ein kleines Kind ist immer ein guter Ausgangspunkt für ein Gespräch und man knüpft viel schneller Kontakte
- Unterwegs zu sein mit einem Kind in Emmas Alter empfanden wir als relativ unkompliziert, sie war noch nicht mobil und war beim Getragenwerden meistens zufrieden. Babynahrung gibt es in Neuseeland von Bio bis Convenience, und auch ohne Pampers ist die Auswahl an Windeln groß genug. Emma wurde während unserer Reise noch gestillt, was ihre Versorgung insgesamt etwas leichter machte.
- Die Reise konnte nur dann entspannt sein, wenn Emma entspannt war, ihre Bedürfnisse und ihre Zufriedenheit standen im Vordergrund. Daher fanden wir manches nicht machbar: mehrtägige Wanderungen zum Beispiel oder allzu lange Fahrten, allerdings hatten wir zu Letzterem auch überhaupt keine Lust.

- Generell: Das Reisen mit einem Kind ist anstrengender als das Reisen alleine, aber das gilt für das Leben mit einem Kind ja auch. Dafür ist es umso schöner!

Ausgangspunkt unserer Reise war Christchurch. Die Route, die wir planten, folgte einem klassischen Muster – wir wollten die Südinsel im Uhrzeigersinn umrunden und dann auf der Nordinsel bis nach Auckland und eventuell noch ans Nordkap fahren. Nach einigen Wochen waren wir jedoch so übervoll von Eindrücken und Erlebnissen in der atemberaubenden Landschaft, dass wir uns nicht in der Lage sahen, im gleichen Tempo weiter zu reisen. Aber das wissen wir zum Zeitpunkt unserer Abreise ja alles noch nicht. Daher von Anfang an …

Kapitel 1

Von minus Zwanzig auf plus Zwanzig

Es ist einer dieser kalten und grauen Februartage in Berlin, die einem den Abschied wahrlich nicht schwer machen. Und was ist das überhaupt für ein Winter: Rekordkälte, Schneechaos im Dezember mit anschließendem Tauwetter, auf das dann wieder Rekordkälte folgt. Das führt dazu, dass die Gehsteige zu Eisbahnen werden und ich froh um meinen Kinderwagen bin, an dem ich mich festklammern kann, um nicht zu stürzen, da die Stadtverwaltung anscheinend für ganz Berlin ausgerufen hat: Hier wird bei Schnee- und Eisglätte nicht geräumt und gestreut. Betreten auf eigene Gefahr! Die Straße, in der wir wohnen, wird auch nicht mehr geräumt, geschweige denn gestreut, den Autobahnen in Nordrhein-Westfalen geht es genauso, da das Streusalz deutschlandweit knapp wird. Im Kinderwagen verschwindet Emma unter einem dicken Daunenkissen, wenn wir einen Spaziergang machen, bei teilweise minus fünfzehn Grad ist das dann auch immer nur ein kurzes Vergnügen. Emma scheint es nicht so schlimm zu finden, denn sobald es losgeht, schläft sie in der Regel ein. Ich prüfe dann immer besorgt die Temperatur ihrer manchmal unter der Decke hervorlugenden Hände und versuche sie wieder unter die Daunenschicht zurück zu packen.

Im Februar wird es dann allmählich etwas milder, und an dem bereits erwähnten grauen und trüben Morgen ist es bei etwa sechs Grad doch so warm, dass wir unsere Wintermäntel zuhause lassen und uns mit reisetauglichen Fleecejacken ins Auto setzen. Unser Gepäck – wie immer zu viel: zwei große Trolleys und zwei Reiserucksäcke, kein Kinderwagen (denn wir wollen in Neuseeland einen kaufen), aber die Babysitzschale für das Auto. Das Kind packen wir in seinen lilafarbenen Winteranzug aus Biobaumwolle. Die kleine Emma besitzt jetzt einen waschechten Reisepass mit einem biometrischen Foto, auf dem sie sehr ernst und verbrechermäßig dreinschaut und das zu erstellen uns einiges an Zeit und Nerven gekostet hat. Und ich nehme an, in spätestens sechs Monaten wird man sie darauf nicht mehr erkennen, aber der Pass ist zehn Jahre lang gültig. Wir haben eine Tasche und einen kleineren Rucksack vollgepackt mit Babybrei, Obstgläschen, Holzspielzeug, Kuscheltieren, Ersatzwäsche, Windeln, Feuchttüchern und dem Allerwichtigsten – das Schnuffeltuch.

Ich bin froh, dass ich Emma noch stille, dadurch gestaltet sich die Versorgung unterwegs viel einfacher. Mittags und abends isst sie schon Brei, aber sollte sie den mal nicht wollen, ist vorgesorgt, genauso wie für den Rest des Tages beziehungsweise des Fluges. Das Stillen hat sich auch immer als praktisch bei Start und Landung erwiesen.

Wir sind alle drei guter Dinge und zusammen mit unserem Freund Alex starten wir in Richtung Flughafen, wo wir ihm dann unseren schönen Saab für die nächsten acht Wochen übergeben und sehr beladen mit dem Gepäckwagen Richtung Terminal gehen. Unser Flug nach Bangkok startet um ein Uhr mittags. Dort werden wir dann 14 Stunden Aufenthalt haben und uns für diese Zeit ein Hotelzimmer nehmen, um etwas auszuspannen. Danach geht es weiter über Sydney nach Christchurch in Neuseeland.

Und schon steht uns die erste Prüfung bevor: Wir können zwar sofort einchecken, aber es ist nicht sicher, ob es für Emma einen eigenen Platz geben wird. Die Aussicht auf zehn Stunden mit Kind auf dem Schoß gibt mir jetzt schon den Rest. Erst einmal müssen wir aber abwarten und können den Maxi Cosi mit an Bord nehmen – falls es einen freien Platz geben sollte, kann Emma auch darin sitzen. Eine der in der Maschine vorhandenen Babywannen können wir aber nicht mehr bekommen, die sind schon alle belegt.

Zur Erklärung sei hier kurz gesagt: Frank arbeitet bei einer deutschen Airline, weshalb wir zwar günstig fliegen können, aber kein Anrecht auf Luxus – sprich: Babywannen – haben, und weshalb wir die Flüge zwischen Bangkok und Christchurch als Standby-Passagiere absolvieren werden, das heißt: Wir kommen nur dann mit, wenn der Flug nicht ausgebucht ist. Dass das noch eine harte Prüfung für uns wird, werden wir bald merken.

Doch zunächst setzen wir uns nach dem Sicherheits-Check in den Warteraum bei unserem Gate. Dann der Schreck: Unsere Namen werden ausgerufen mit der dringenden Bitte, sofort zum Flugsteig zu kommen und uns beim Bodenpersonal zu melden. Frank geht los und kommt nach ein paar Minuten mit einer schockierenden Nachricht zurück: Da wir für den Weiterflug von Bangkok nach Christchurch „nur" ein Standby-Ticket ohne Datum haben, können wir nicht nachweisen, dass wir Thailand nach weniger als einem Monat wieder verlassen werden, und für einen längeren Aufenthalt bräuchten wir ein Visum. Daher ist unsicher, ob wir überhaupt nach Bangkok mitfliegen können. Ich fasse es nicht, daran habe ich nun wirklich nicht gedacht. Wir erklären der Dame am Gate, dass wir nur ein paar Stunden Aufenthalt in Bangkok geplant haben und den nächstmöglichen Weiterflug nach Christchurch nehmen werden. Nach langem Hin und Her und mehreren Rücksprachen wird uns mitgeteilt, dass wir mitkönnen, auf die Gefahr hin jedoch, in Bangkok postwendend wieder nach Deutschland zurück fliegen zu müssen, ohne auch nur den Flughafen zu verlassen. Wir überlegen kurz, was zu tun ist, sind aber optimistisch, es wird schon alles gut gehen.

Bald darauf beginnt das Boarding, und hier haben wir Glück. Ein paar Passagiere tauschen mit uns ihre Plätze, so dass wir in der Mitte drei nebeneinander liegende Sitze bekommen. Wir stellen den Maxi Cosi in unsere Mitte und schnallen ihn an. Emma flirtet mit den Flugbegleiterinnen und sagt „dadadabrrr", was diese ganz entzückend finden – und die Freundschaft ist geknüpft. Ich muss gestehen, rein nervlich bin ich jetzt schon am Ende, Frank geht es ähnlich, wir hoffen beide auf ein bisschen Schlaf an Bord.

Als es schließlich losgeht und wir vom Boden abheben, muss ich an meine letzte Fahrt nach Neuseeland fünf Jahre zuvor denken. Auch hier war die Anreise sehr aufregend, denn bis zum Ende war unsicher, ob ich es rechtzeitig zum Abflug schaffen würde. Dabei hatte ich extra – weil ich immer so spät dran bin – darauf verzichtet, von Stuttgart, wo ich damals wohnte, nach Frankfurt mit dem Auto zu fahren und mir ein Bahnticket gekauft. Sicher ist sicher, dachte ich. Just an diesem Nachmittag erfuhren wir jedoch im Stuttgarter Hauptbahnhof – damals noch nicht umkämpft –, dass alle Züge in Richtung Frankfurt mindestens eine halbe Stunde Verspätung hatten. „Nun gut, eine halbe Stunde, das geht ja noch", dachten wir und warteten. Meine Freundin Helen leistete mir Gesellschaft. Nach einer halben Stunde lasen wir dann auf der Anzeigetafel, dass an diesem Tag kein Zug mehr in Richtung Frankfurt fahren würde, offenbar hatte sich irgendwo vor Ulm jemand auf die Gleise gestürzt. Mist, Mist, Mist!, und jetzt war es schon so spät. Also schnell umdisponieren, Helen bot mir an, mich nach Frankfurt zu bringen und wir wollten uns dazu das Auto meiner Eltern ausleihen, weil das schneller war als Helens alter Ford Fiesta. Also flink zu meinen Eltern gefahren, noch mal Adieu gesagt und schon befanden wir uns auf der Autobahn Richtung Norden. Jedes Mal, wenn wir in einen kurzen Stau kamen oder uns durch eine Baustelle quälen mussten, sah ich mein Flugzeug ohne mich abfliegen und damit meinen Traum von der Weltreise erst einmal platzen. Aber wir schafften es. Eine Stunde vor Abflug setzten mich Helen und ihr Freund Christian an meinem Terminal ab, wo ich dann auch sofort eincheckte und mich bald darauf an Bord der Qantas-Maschine nach Singapur befand – aber das ist eine andere Geschichte.

Jetzt also zurück zu unserem Flug nach Bangkok. Während des Starts ist Emma wie meist beim Stillen eingeschlafen. Ich versuche, es mir einigermaßen bequem zu machen, ohne sie in ihren Sitz zu setzen, weil ich Angst habe, dass sie dann gleich wieder aufwacht. Frank blättert im Reiseführer und wir beginnen uns zu entspannen. Das gleichmäßige Brummen der Maschine macht mich schläfrig und ich döse vor mich hin. Eine Stunde später ist es mit der Entspannung vorbei. Emma wacht auf und quengelt, mein Arm ist unter ihrem Gewicht eingeschlafen und kribbelt und ich bin reichlich verkrampft. In der Reihe hinter uns sitzt eine Gruppe vergnügter Seniorinnen, die lauthals Tipps aus ihren Reiseführern austauschen und alles ungeheuer witzig finden. Ich halte Emma über die Sitzreihe nach hinten, damit sie etwas zu schauen hat – und schon ist Freundschaft hergestellt. Da ist eine Dame mit sehr viel Goldschmuck an den Händen, ideal für eine Viertelstunde Ablenkung. Dass man sich im Umgang mit kleinen Kindern gerne lächerlich macht, ist ja bekannt, und alle sind mit von der Partie. Die Frauengruppe fliegt für zwei Wochen nach Thailand und wird dort eine Rundreise unternehmen. Sie finden unsere Tour nach Neuseeland ziemlich mutig und wünschen uns viel Glück.

Ich setzte Emma in den Maxi Cosi und sie bekommt ihren Nachmittagsbrei, danach schläft sie allmählich ein – schön, gerade beginnt das Unterhaltungsprogramm und wir vertreiben uns die Zeit mit nicht ganz aktuellen Komödien. Danach versuchen auch wir beide ein bisschen zu schlafen, doch weder bei Frank noch bei mir will das klappen. Emma hingegen verpasst fast den ganzen elfstündigen Flug, und als wir schließlich in Bangkok landen, ist es nach deutscher Zeit Mitternacht und wir sind ziemlich hinüber.

In Bangkok haben wir – wenn alles läuft wie geplant – vierzehn Stunden Aufenthalt und für diese Zeit ein Hotel in Flughafennähe gebucht. Doch um dorthin zu gelangen, müssen wir zuerst durch den Zoll. Der Zoll! Wird das wohl gut gehen? Oder hat sich der Traum von unserer Neuseelandreise gleich erledigt? Erst einmal heißt es, raus aus dem Flugzeug und rein ins Terminal. Das Flughafengebäude ist zwar klimatisiert, trotzdem habe ich den Eindruck, dass die schwül-heiße Luft von draußen durch alle Ritzen dringt, auch hier im Terminal ist die hohe Luftfeuchtigkeit deutlich zu spüren. Ich trage den Kindersitz, Frank hat Emma auf dem Arm, die wieder wach ist und sich neugierig umsieht. Kaum haben wir das Terminal betreten und uns auf in Richtung Gepäckabholung gemacht, winken uns Flughafenangestellte zu und rufen: „Hello Baby!“ Bald sind wir von einer kleinen Traube Thailänderinnen in blassblauen Uniformen umringt, die in die Hände klatschen und Emma zurufen. „Hello Baby! Hello Baby, What is your name? Boy or girl?“ Alle wollen das Baby halten und herzen. Emma scheint das lustig zu finden, denn sie lacht und strahlt in die Runde. Also lachen wir mit und lassen uns zu den langen Einreiseschlangen eskortieren, wo sich die Damen dann eine nach der anderen von uns verabschieden. Frank meint lakonisch: „Sollten wir Emma hier verlieren, wird sie vermutlich wohlbehütet bei einer der Flughafenangestellten aufwachsen. Wir brauchen uns dann wohl keine weiteren Sorgen zu machen.“

Dann stellen wir uns an das Ende einer langen Schlange und ich bereite mich bereits mental auf eine Stunde frustrierenden Wartens mit womöglich noch frustrierenderen Folgen vor. Doch einer der Zollbeamten winkt uns nach vorne, er hat soeben seinen Schalter geöffnet, und zwar nur für uns, weil wir mit unserem Kind unterwegs sind. Aus den Warteschlangen rechts und links von uns stürzen sich sogleich mehrere Leute in Richtung des neu eröffneten Schalters, der Zollbeamte jedoch winkt alle grimmig beiseite und deutet auf uns: „Baby, you come first.“

Frank und mich blickt er ernst an und schaut in unsere Pässe, aber mit Emma scherzt er. Die neidischen Blicke der vielen Wartenden in der Schlange folgen uns, als wir den Zoll passieren und schließlich bei der Gepäckabholung landen – es gab keinerlei Probleme bezüglich unserer Aufenthaltsdauer, allerdings haben wir das Touristenvisum auch mit den Daten des geplanten Weiterfluges ausgefüllt. Glücklicherweise treffen wir am Ausgang gleich den Chauffeur des Hotels, der auf uns wartet, er führt uns aus dem Terminal zu seinem Kleinbus. Als sich die Schiebetüren öffnen, schlägt uns die feuchte Hitze des frühen Morgens in Bangkok entgegen, sofort kleben alle Kleidungsstücke an der Haut, es fühlt sich an, als ob wir durch ein Dampfbad gehen. Der Minibus ist natürlich auf zehn Grad heruntergekühlt. Emma in der Mitte, setzen wir uns in den Fond – der Fahrer beäugt den Kindersitz interessiert, so etwas ist hier eher unüblich – und schon startet der Van zu einer abenteuerlichen Fahrt. Nach etwa zwanzig Minuten waghalsiger Raserei über Bangkoks Ausfallstraßen sind wir schließlich bei unserem Hotel angelangt, wo wir bald darauf in einem klimatisierten Zimmer alle zusammen in wohligen Schlaf fallen.

Fünf Stunden später klingelt der Wecker, ich fühle mich einigermaßen ausgeruht, und Emma schläft noch ein bisschen weiter, während Frank und ich unter die Dusche hüpfen. Aufgefrischt und mit sommerlichen Kleidern gehen wir dann ins hoteleigene Restaurant, in dem zu dieser Zeit keine anderen Gäste sind. Zu dieser Zeit – wie spät ist es eigentlich? Ich habe keine Ahnung und bin völlig durcheinander, so ungefähr Mittag. Im Restaurant treffen wir zwar keine anderen Gäste, aber das Personal scheint eine Unterrichtsstunde abzuhalten: An einem großen Tisch sitzen etwa fünfzehn Kellnerinnen und Kellner in Uniform, die von ihren Kollegen bedient werden. Zwei nette junge Damen unterbrechen ihre Übung und fragen uns nach unseren Wünschen. Sie sind ganz entzückt von Emma und kümmern sich derart umfassend um sie, dass Frank und ich in aller Ruhe unser Curry bestellen und essen können. Das Essen in Thailand ist einfach himmlisch, immer wieder und fast überall.

Kurze Zeit später müssen wir auch schon wieder zum Flughafen und los geht die zweite Zitterpartie, als wir uns in die Check-in-Schlange von Emirates einreihen, mit denen wir als Standby-Passagiere weiter nach Christchurch fliegen wollen. Eine Thailänderin, die typische Emirates-

Mütze auf dem Kopf, mit flatterndem Tuch und auffälliger Zahnspange winkt uns zu sich heran. Leider stellt sich heraus, dass die Maschine sehr voll ist und sie uns noch keine Plätze zusichern kann. Wir sollen eine Stunde vor Abflug wieder kommen, wenn der normale Check-in beendet ist. Oh nein! Das verheißt nichts Gutes – die morgige Maschine ist auch ziemlich voll. Uns bleibt nichts anderes übrig als zu warten, also setzen wir uns in einen Starbucks – auch hier präsent – und schlagen die Zeit tot. Ich suche nach einem ungestörten Plätzchen, um Emma zu stillen, werde aber nicht fündig und setze mich daher in eine Ecke neben eine griechische Familie, die mir zugrinst. Emma bekommt auch noch einen Gemüsebrei, den uns einer der Angestellten im Wasserbad aufwärmt und dann machen wir uns hoffnungsvoll wieder auf in Richtung Emirates-Schalter.

Die Dame mit der Zahnspange ist noch da, kann aber immer noch nichts für uns tun. Wir seien gelistet, aber vor uns befänden sich noch weitere Standby-Passagiere, wir sollten in einer Viertelstunde wieder kommen. „Wie sollen wir das nur schaffen, selbst wenn sie uns gleich noch eincheckt?“, frage ich Frank. „Wir müssten dann innerhalb kürzester Zeit durch den Zoll und die Sicherheitskontrolle bis zu unserem Gate, ich sehe da eigentlich schwarz.“

Eine viertel Stunde später – innerhalb derer mir aufgefallen ist, dass viele Thailänderinnen um die Dreißig eine Zahnspange tragen – können wir tatsächlich einchecken, auch diesmal bekommen wir nur einzelne Plätze und keinen für Emma – und machen uns auf in Richtung Gate. Noch knapp eine halbe Stunde bis zum Abflug. Aber die Zöllner sind uns wieder wohlgesonnen und winken uns nach vorne und selbst die Sicherheitskontrolle geht ruckzuck, und dann laufen wir schon mit Emma auf Franks Arm und dem Maxi Cosi an meinem in Richtung Gate, über ein langes Laufband und noch eines und noch eines und, ja – wir schaffen es. Das Flugzeug ist noch da, das Boarding ist bereits in vollem Gange, eine bunte internationale Mischung von Passagieren steht vor uns in einer Reihe. Viele Inder und Araber sind darunter, auch ein paar Deutsche, Australier, Engländer und sicher noch viele andere Nationalitäten. An Bord reagieren die Flugbegleiterinnen etwas gestresst auf unsere Anfrage nach zwei nebeneinander liegenden Plätzen für mich und Emma. Zunächst soll ich sie auf den Schoß nehmen und Frank muss sich auf einen weit entfernten Platz setzen. Dann bringt mir eine der Flugbegleiterinnen den Kindersitz und der Platz links neben mir stellt sich als frei heraus. Zu meiner Rechten sitzt ein Inder, der sich sogleich bereit erklärt, seinen Platz mit Frank zu tauschen: So klappt schließlich wieder einmal alles und wir sinken in unsere Sitze.

Die nette Dame, die mir den Kindersitz gebracht hat, stellt sich als unsere zuständige Flugbegleiterin vor, sie heißt Sally und schenkt Emma einen kleinen Stofflöwen – eine Handpuppe. Emma strahlt und Sally merkt an, dass sie ganz nach ihrer Mutter komme, das sagen die meisten. Die Chefin der Kabinenbesatzung begrüßt uns auch, ebenso ihre Stellvertreterin, alle sind wahnsinnig nett und herzen Emma, die noch gute Laune hat und jeden anlacht. Nichtsdestotrotz wünsche ich mir jetzt nichts sehnlicher als etwas Schlaf, aber dazu werden weder Frank noch ich in den nächsten zehn Stunden kommen. Es ist ein anstrengender Flug, Emma will dieses Mal nicht schlafen und bekommt zwischendurch irgendwann einen Schreianfall, von dem sie sich nur langsam beruhigen lässt. Als sie dann doch allmählich wegdämmert, frage ich mich, was um alles in der Welt uns dazu veranlasst hat, eine so lange und anstrengende Reise mit einem Baby anzutreten. Sind wir total bescheuert? Und wie soll das weitergehen? Wird Emma im Wohnmobil überhaupt schlafen? Wäre es nicht besser gewesen, zuhause in Ruhe den Frühling abzuwarten und sich mit Pekip-Kursen und Babyschwimmen die Zeit zu vertreiben? Was war das nur für eine fixe Idee, ausgerechnet nach Neuseeland zu wollen. Schon beim ersten Mal hatte ich die Anreise als wahnsinnig kräftezehrend empfunden und war danach eine Woche lang krank. Vor lauter Erschöpfung bin ich den Tränen nahe, Frank neben mir hat die Augen geschlossen und schläft vielleicht – der hat's gut.

Irgendwann landen wir in Sydney – ich besitze überhaupt kein Zeitgefühl mehr –, hier haben wir zwei Stunden Aufenthalt, bevor wir uns auf den dreistündigen Endspurt nach Christchurch begeben. Offensichtlich ist es in Sydney neun Uhr morgens, überall duftet es nach Kaffee und frischem Gebäck. Das weckt unsere Lebensgeister wieder ein bisschen, also gibt es Kaffee und Croissants für uns und Milch für Emma. Etwas erholt besteigen wir dann wieder unsere Maschine, wo inzwischen eine neue Crew an Bord gegangen ist. Eine leicht übermotivierte Rothaarige verteilt die Speisekarte, während sie ungefähr zweihundert Mal strahlend „menue“ sagt und die Faltkarten an alle Passagiere ausgibt. „Die hat doch was genommen“, vermutet Frank, „anders kann ich mir das nicht erklären.“ Ein frischer und gut gelaunter Kapitän stellt sich und seine Crew vor und als wir erneut starten, schlafen Emma und ich zusammen ein. Von diesem Flug bekomme ich nicht mehr viel mit.

Und endlich, endlich ist Neuseeland in Sicht. Als ich aufwache, überfliegen wir gerade die kargen und schroffen Bergketten der südlichen Alpen, bald darauf wird die Landschaft flacher und weiter – wir fliegen über die Canterbury Plains, als die Maschine in den Sinkflug geht. Ich muss daran denken, wie ich fünf Jahre zuvor zum ersten Mal nach Neuseeland gereist bin. Damals flog ich nach Auckland auf der Nordinsel und ich kann mich an den unbeschreiblich schönen Anblick erinnern, als die Wolkendecke aufriss und Aucklands vorgelagerte Inseln sichtbar wurden. Ich bekam eine Gänsehaut und bekomme sie noch heute, wenn ich daran denke, so schön war es, als hätte Gott den Pinsel ausgeschüttelt und grüne Tupfen auf türkisblauen Grund gestreut.

Da setzt das Flugzeug auch schon zur Landung an, endlich am Ziel! – beinahe jedenfalls. Wir müssen wieder durch den Zoll, und wieder werden wir zuvorkommend behandelt, hier gibt es eine eigene Reihe für Eltern mit kleinen Kindern. Bei der Einreisekontrolle müssen wir sehr detailliert angeben, welche tierischen Produkte und welche Lebensmittel wir einführen, wir müssen die Sohlen unserer Wanderschuhe begutachten lassen und auch Emmas Schaffell. Unsere restlichen Babygläschen habe ich an Bord gelassen: Die dürfen wir nicht einführen. Emma findet Gott sei Dank wieder alles recht interessant und lächelt jeden an. Das öffnet doch immer wieder einige Türen, so auch bei der resoluten Dame am Schalter der Autovermietung, die uns sofort mitteilt, dass alle kleinen Wagen ausgebucht seien. Für den Anfang wollen wir ein Auto mieten, das Wohnmobil werden wir dann in einer Woche abholen. Schließlich findet sie doch noch einen Kleinwagen für uns. Wir kaufen einen Stadtplan von Christchurch, trinken einen starken, bitteren Espresso und laden unser Gepäck in das kleine, blaue japanische Auto. Mir ist schwindelig und ich fühle mich ziemlich benommen, Frank stellt fest: „Ich glaube, so erschöpft war ich noch nie,“, und ich kann ihm nur von Herzen zustimmen. Aber der Espresso baut uns wieder auf, und auf dem

Emmas erste Nacht in Neuseeland

Parkplatz am Flughafen weht ein lauer Wind bei milden zwanzig Grad. Die Sonne scheint, es ist früher Nachmittag, und irgendwie schaffen wir es zu Claudias kleiner Bed & Breakfast-Pension im Vorort Beckenham, wo wir den Japaner vor einem hübschen weißen Haus parken und an die Tür klopfen. Ich rede hier die ganze Zeit von „wir“, dabei muss es gerechterweise heißen: „Frank“. Frank fährt das Auto in dem für ihn neuartigen Linksverkehr und ich lese die Karte, wobei ich mich nicht einmal schlecht anstelle. Ohne uns zu verfahren erreichen wir unser Ziel. Emma ist auf dem Rücksitz eingeschlafen. Unsere Gastgeberin Claudia, die uns herzlich empfängt, führt uns zu einem kleinen Cottage aus Holz in ihrem Garten, das liebevoll eingerichtet ist und in dem wir uns gleich zuhause fühlen. Jetzt werden wir erst einmal ankommen.

Kapitel 2

Erste Woche – erstes Zähnchen

Unsere erste Woche in Neuseeland vergeht wie im Flug, und leider müssen wir im Nachhinein feststellen, dass wir sehr viel Zeit der Organisation irgendwelcher Dinge verschwendet haben. Allerdings plagt uns auch noch einige Tage lang der Jetlag, und so ist es doch ganz gut, die Dinge langsam angehen zu lassen.

Nach unserer Ankunft in Claudias Pension erkunden wir zuerst einmal die nähere Umgebung. Am ersten Abend gehen wir Pizza essen, durch die laue Abendsonne machen wir einen Spaziergang durch den hübschen Vorort Beckenham, in dem Claudia wohnt. Es ist kurz vor dem großen Beben in Christchurch. Die Straßen sind gesäumt von schmucken Holzhäuschen in einer Mischung aus englischem und amerikanischem Stil, in den Gärten stehen häufig Palmen und andere für den Nordeuropäer eher ungewöhnliche Pflanzen. Auffällig sind auch die vielen blühenden Strelizien.

Auch Claudia wohnt in einem sehr hübschen weiß gestrichenen Holzhaus, im Garten hinter dem Haus befindet sich in einem Anbau ihre „Ayurvedische Praxis", in welcher sie ihre Kunden mit Ölgüssen und Massagen verwöhnt. Darüber hinaus vermietet sie das kleine Cottage – kaum größer als unser Schlafzimmer in Berlin – mit einem gemütlichen Doppelbett, einer kleinen Küche und einem Badezimmer an Feriengäste wie uns.

In Claudias Garten komme ich mir vor wie in einem Rosamunde-Pilcher-Film am Sonntagabend im ZDF. Das Cottage ist mit Kletterrosen bewachsen, die Vögel zwitschern in den Büschen und der Himmel ist so blau, wie er nur sein kann. Neuseeland begrüßt uns mit einem fantastischen Spätsommer, tagsüber ist es um die 25 Grad und kein Wölkchen trübt den Himmel, wenn wir unterwegs sind. Abends allerdings kommen die Stechmücken hervor und ich räume den Rasen hinter dem Cottage mit Emma recht schnell, nachdem ich die ersten Stiche kassiert habe.

Gegen Abend wird es auch immer sehr windig und in der Nacht kühlt es enorm ab, was wir in unserer Hütte mit der einfachen Fensterverglasung schnell zu spüren bekommen.

Die ersten Nächte sind recht unruhig, weil wir alle drei nicht besonders gut schlafen können. Claudia hat für Emma ein Kinderbettchen organisiert, in dem sie meistens schnell einnickt, aber nach ein paar Stunden wieder aufwacht. Dann hole ich sie in unser Bett, wo sie an meiner Brust irgendwann weiterschläft. Manchmal weckt mich dann morgens der Duft von frischem Kaffee, den Frank schon aufgebrüht hat, und wir lassen die Sonne herein durch das Fenster, vor dem der Esstisch steht. Claudia fragt uns gleich am ersten Tag, ob wir „into organics" sind, sie hat den Kühlschrank im Cottage mit biologischen Lebensmitteln aufgefüllt und gibt uns Tipps für den Einkauf. Es gibt einen kleinen Bioladen in der Nähe und einen gut sortierten Supermarkt, der auch Bioprodukte führt.

Im Kühlschrank finden wir Eier, nicht homogenisierte Milch, Joghurt, hausgemachte Marmelade und einen sehr leckeren Saft aus Apfel und Fechova – einer Frucht, von der ich noch nie gehört habe, die den naturtrüben Apfelsaft mit einem sehr angenehmen säuerlichen Geschmack ergänzt. Dazu gibt es Kastenbrot in Scheiben, für den Neuseeländer ist

Wie in einem Rosamunde-Pilcher-Film – Claudias Garten

Unser gemütliches Cottage

das handfestes Vollkornbrot, für den Deutschen geht es eher in Richtung Toast. Ich muss allerdings zugeben, dass das Brot bei Claudia vergleichsweise am besten abschneidet, und wir bleiben dieser Marke so ziemlich die ganze Reise über treu. Auch Emma gefällt es in Claudias Cottage. Seit Kurzem kann sie selbständig sitzen, was sie absolut super findet, da sie die Welt jetzt aus einer ganz neuen Position betrachten kann. So sitzt sie meist auf dem Bett und spielt mit ihrem Holzeis, während wir frühstücken und dabei in Claudias Garten blicken.

Claudia – unsere Gastgeberin – ist eine sehr herzliche, groß gewachsene blonde Frau um die Vierzig. Ursprünglich aus den Niederlanden, ist sie als Teenager mit den Eltern nach Neuseeland ausgewandert und betreibt seit einigen Jahren ihre Praxis und die Bed & Breakfast-Pension. Auch Frank ist in den Niederlanden aufgewachsen und so haben beide schon ein Thema gefunden, über das sie sich austauschen können. Wir haben Claudias Pension über die Homepage organic-explorer.co.nz gefunden, eine Seite, die auf Ökotourismus in Neuseeland spezialisiert ist und deren Inhalt hier im Land auch als Katalog in gedruckter Form erhältlich ist, klar, dass wir uns den noch kaufen.

Claudia engagiert sich im Bereich alternativer Medizin, trennt ihren Müll und hat einen hochmodernen Komposter, sie bietet ihren Gästen an, beim Frühstück auf eventuelle Nahrungsmittelintoleranzen Rücksicht zu nehmen. „Does it have to be glutenfree?", wollte sie gleich am Telefon von mir wissen. „Glutenfreie Ernährung" scheint überhaupt der absolute Trend in Neuseeland zu sein. Viele kleine und größere Geschäfte bewerben auf großen Schildern an der Straße ihr diesbezügliches Sortiment. Das stellen wir bei unserer ersten Einkaufstour fest. Zuerst gehen wir in den Bioladen in der Nähe, weil ich hoffe, dort einen milchfreien Brei für Emma zu bekommen. Der kleine Bioladen führt Produkte von Weleda und Holle, somit ist der Brei gesichert. Die Sachen sind deutlich teurer als in Deutschland, was sich durch den langen Transportweg erklärt. Besser man macht sich erst gar keine Gedanken darüber, ob das dann noch wirklich ökologisch korrekt ist, wenn es zuvor den halben Globus umrundet hat. Die Dame an der Kasse stellt sich als Hamburgerin heraus, die mit ihrem Mann – einem Schreiner – und ihrem vierzehnjährigen Sohn hierher ausgewandert ist. Sie erklärt uns, dass Neuseeland händeringend nach ausgebildeten Handwerkern aller Art sucht und sie daher relativ leicht an das Visum kommen konnten.

„Wir wohnen im Stadtteil Sumner, nach der Schule geht mein Sohn jetzt meistens direkt zum Surfen." Ihren kleinen Laden hat sie vor einem Jahr eröffnet. „Was die ganze Bio-Bewegung angeht, ist Neuseeland noch ziemlich am Anfang, verglichen mit Deutschland, aber der Trend ist sehr stark." Ein deutscher Bäcker beliefert den Laden denn auch mit dunklen Vollkornbroten, von denen wir gleich eines kaufen. Dann verabschieden wir uns von der Hamburgerin und fahren mit dem Auto zum nächsten Supermarkt.

Hier stehen vor allem Sachen für Emma auf der Liste, allen voran Windeln. Der Supermarkt ist natürlich derart heruntergekühlt, dass wir uns gleich unsere Jacken anziehen und auch Emma wärmer einpacken, die zum ersten Mal in dem ausklappbaren Sitz eines Einkaufwagens sitzen darf und das ganz toll findet. Dann eine Überraschung: es gibt keine Pampers! Dass Pampers womöglich nicht überall auf der Welt erhältlich sind, ist mir nie in den Sinn gekommen, jetzt aber sehen wir uns mit diversen einheimischen oder australisch-amerikanischen Import-Windeln konfrontiert und die Wahl ist gar nicht so einfach. Schließlich entscheiden wir uns für ein Produkt, das *New Zealand made and owned* ist und mit hübschen Kiwimotiven auf den Windeln wirbt. Die Feuchttücher, die wir noch dazu kaufen, sind mit Teebaumölextrakt getränkt, biologisch abbaubar und riechen unheimlich gut.

In der Abteilung mit den Babygläschen können wir wählen zwischen Heinz-Produkten und einigen einheimischen, darunter die Marke Only Organic, ebenfalls *New Zealand made and owned.* Die Gläschen sehen hübsch aus und die Geschmacksrichtungen hören sich anders und interessant an, es gibt zum Beispiel *sweet corn and kumara* (Süßkartoffel), *pumpkin and wild rice*, und für den Nachmittag *mango and banana bliss*, eine Mischung, die ich vielleicht öfter esse als Emma, weil sie einfach so lecker ist. Kurzum, Emmas ausgewogener Ernährung steht nichts im Wege, für uns kaufen wir auch ein und schieben dann den vollen Einkaufswagen Richtung Auto. Für den ersten Tag war das schon ganz schön viel, daher gehen wir am Abend wieder in die Pizzeria vom Vortag, wo man für Emma ein Gläschen aufwärmt und sie in einem Kinderstuhl sitzend sehr stolz in die Runde strahlt.

An unserem zweiten Tag sind wir schon ein wenig ausgeruhter und motivierter und machen nachmittags einen Ausflug zum Strand im Vorort Sumner. Claudia erzählt vom bisher eher schlechten Sommer und wie sehr sich alle über die schönen Tage freuen, in denen wir gerade gelandet sind. Unser Reiseführer preist den Strand von Sumner als beliebten Stadtstrand mit vielen Cafés und Restaurants und wir freuen uns schon darauf, bei einem Cappuccino auf die Wellen zu schauen. Frank trägt Emma in einer Bauchtrage, in der sie sogleich einschläft. Der Strand von Sumner liegt in einer Bucht, die links und rechts von teils bebauten Hügeln gesäumt wird. Es ist ein breiter und langer Sandstrand, an dem sich an diesem Tag hauptsächlich Einheimische tummeln, vor allem Jugendliche, die einen Surfkurs besuchen. Es sind auch viele Leute mit Hunden unterwegs, die aber durchweg an der kurzen Leine geführt werden, ein erfrischender Gegensatz zu den in Berlin meist freilaufenden Kötern, welche die Gehsteige mit ihren Hinterlassenschaften verzieren. Irgendwo habe ich einmal gelesen, dass in Berlin täglich 60 Tonnen Hundekot anfallen, aneinandergereiht könnte man damit eine Duftschneise vom äußersten

Nordwesten bis tief in den Südosten der Stadt ziehen – eine ziemlich unappetitliche Vorstellung, würde ich sagen.

Die Wellen brechen sich in der Bucht und wir laufen barfuss durch die Gischt, die bereits tief stehende Sonne spiegelt sich glitzernd im Wasser. Wir spazieren eine Weile über den Strand und beschließen dann, irgendwo einen Kaffee zu trinken. Denkste – das ist leider gar nicht so einfach, denn wir können nirgendwo in Strandnähe ein Restaurant oder Café entdecken und ziehen wieder verwirrt unseren Reiseführer zu Rate, der einige Empfehlungen für Sumner aufweist, allerdings befindet sich keines der aufgeführten Lokale in Strandnähe, was ein bisschen bedauerlich ist. Schließlich setzen wir uns noch kurz an den Strand, wo ich Emma etwas zu trinken gebe, und machen uns dann auf den Rückweg. Auf der Heimfahrt zu Claudia kommen wir an einem netten kleinen Kindergeschäft vorbei, das vornehmlich einheimische Marken führt, darunter viele hübsche Babykleider in Bioqualität. Wir kaufen ein paar Sachen für Emma und fahren zurück zu unserem Cottage, wo wir heute im Garten essen, nachdem Emma schon recht früh eingeschlafen ist.

Die beiden nächsten Tage verbringen wir damit, einen Kinderwagen für Emma zu kaufen (der neuseeländischen Marke Mountain Buggy, die auch in Deutschland sehr beliebt ist und hier das Doppelte kostet), ein paar Outdoor-Sachen für uns und ganz allgemein die Stadt zu erkunden. Christchurch im Februar 2010 zeigt sich noch unbeschädigt von seiner malerischen Seite. Gerade findet das Flower Festival statt und vor der sehr britisch anmutenden Kathedrale gibt es einen riesigen Blumenteppich zu bewundern. Überhaupt macht diese Stadt einen ungeheuer britischen Eindruck, was übrigens auch in jedem Reiseführer steht. Schön ist das alte Universitätsgelände, das heute auch eine Kunstgalerie und das Canterbury Museum beherbergt, ebenso der ausgedehnte Botanische Garten, der sich hinter dem Museum anschließt. Wir entdecken außerdem ein kleines Café, das einen hervorragenden Gemüseeintopf anbietet und in dem wir an zwei aufeinander folgenden Tagen einkehren. Die nette Wirtin begrüßt uns beim zweiten Mal wie alte Freunde und Emma genießt ihre warm gemachten Gläschen mit *pumpkin and wild rice*. Einmal testen wir zum Lunch ein Restaurant, dass im Lonely Planet wärmstens empfohlen wird, die Portionen sind üppig, das Essen aber auch recht fettig, und generell stellen wir fest, dass die Empfehlungen des Lonely Planet mit Vorsicht zu genießen sind, weil vermutlich eben auch von Briten – für Briten – geschrieben, und zumindest kulinarisch liegen wir da nicht immer auf der gleichen Linie.

Der Kauf des Mountain Buggy ist dagegen ein voller Erfolg: Dieser moderne Kinderwagen kann mit einem Einsatz auch schon ab der Geburt verwendet werden, da Emma aber jetzt schon sitzen kann, benötigen wir den nicht mehr. Der dreirädrige Buggy ist mit einem passenden Schaffell, Sonnenschutz und einer Regenhülle ausgestattet, die wir in jedem Fall brauchen werden. Die Verkäuferin erzählt uns, dass sie bereits einigen deutschen Familien einen Mountain Buggy verkauft hat und freut sich über die Popularität der Marke in Deutschland. Wenig später entdecken wir noch eine weitere Marke, die in Deutschland immer beliebter wird: icebreaker, Outdoorprodukte aus reinster neuseeländischer Merinowolle, die nicht kratzt und von denen ich gleich einige Shirts kaufe. Später erfahre ich, dass Deutschland mittlerweile für icebreaker der bedeutendste ausländische Markt geworden ist. Und wirklich, ich bin so begeistert von den Shirts, dass ich später noch einige weitere Sachen von icebreaker kaufe.

Emma in ihrem neuen Mountain Buggy

Glücklich ob all unserer Neuerwerbungen fahren wir an diesem Abend nach Hause und machen in Claudias Cottage eine weitere tolle Entdekkung: Emmas erstes Zähnchen! Ich bemerke es, als Emma meinen Finger in den Mund steckt und mit ihrer Kauleiste „zubeißt". Ein paar kleine Zacken lugen unter dem Zahnfleisch hervor. Als Claudia bei uns vorbei schaut, erzählen wir es ihr gleich und sie ist ganz aus dem Häuschen. Überhaupt hat sie Emma in ihr Herz geschlossen, „she is such a happy baby, always smiling at me", sagt sie immer wieder. Claudia hat auch ein großes Herz für streunende Katzen, schon seit einer Weile versucht sie, das Vertrauen einer abgemagerten Katze zu gewinnen, die in der Nachbarschaft herumstreift und sich gerne auf dem Dach ihrer Praxis sonnt. Manchmal sehen wir sie am Morgen auf einer Leiter am Dach stehen bei dem Versuch, die beigefarbene Katze anzulocken. Sie stellt ihr einen Napf mit Katzenfutter hin und freut sich einige Tage später darüber, dass das Kätzchen schon etwas zutraulicher wird. „She took the food out of my hand today", berichtet sie uns eines Abends.

Gegen Ende der ersten Woche unternehmen wir einen Ausflug auf die Banks Peninsula, eine Halbinsel im Süden von Christchurch, auf der das französisch geprägte Städtchen Akaroa zu finden ist, von dem aus zahlreiche Tourenboote aufbrechen, um eine besonders seltene Delfinart in den Gewässern vor der Halbinsel zu beobachten. Es ist unsere erste Fahrt hinaus aus der Stadt und wir machen Bekanntschaft mit den berühmten schmalen und kurvenreichen Landstraßen Neuseelands, die sich durch die Landschaft der Banks Peninsula schlängeln, hügelauf- und hügelabwärts. Ich glaube, würde ich hinten sitzen, wäre mir schon lange übel geworden, aber Emma scheint es eher beruhigend zu finden, denn sie schläft beinahe die ganze Fahrt über. Es sind ungefähr anderthalb Stunden bis Akaroa, durch eine sehr pittoreske Landschaft mit Weidegrund und unzähligen Schafen, wunderschön ist der Blick von diversen Hügelkämmen über die weite, sanft gewellte, spätsommerliche Landschaft hinweg bis hin zur Bucht von Akaroa, die fürs Erste unser Ziel bildet.

In Akaroa angekommen, kehren wir in ein kleines Café ein, in dem es eine große Auswahl an leckeren meatpies gibt. Das ist überhaupt etwas, das wir hier für uns entdecken: die kleinen Pasteten in allen Varianten,

mit Fleischfüllung oder vegetarisch, ich für meinen Teil mag die klassisch mit Hackfleisch gefüllten am liebsten, und man kann sich eigentlich auch darauf verlassen, dass die Pies fast überall gut schmecken. An diesem Morgen esse ich eine Pastete mit Lammhack und Frank eine mit Rind und Pilzen, Emma bekommt wieder ein Gläschen mit *sweet corn and kumara*, das ungelogen richtig gut schmeckt. Nach einem Espresso fühlen wir uns gestärkt und starten in Richtung Hafen. Die Sonne brennt heute extrem heiß, so dass wir den Mountain Buggy mit seinem Sonnenschutz ausstaffieren und Emma nicht mehr zu sehen ist – was sie sogleich zu einem kleinen Mittagsschlaf veranlasst. Akaroa ist ein hübsches kleines Städchen, das von französischen Siedlern gegründet wurde. Heute ist die ganze Halbinsel als Wochenendziel für die Christchurcher beliebt und natürlich bei Touristen, die vor allem durch die Aussicht auf seltene Delfine gelockt werden.

Es ist so heiß, dass wir uns in einem kleinen Laden Hüte kaufen, die uns den Rest unserer Reise gute Dienste leisten werden. Meiner sieht ein bisschen aus, als könnte ich damit auch zu einem Pferderennen gehen, Franks Variante spielt irgendwo zwischen Wildem Westen und Globetrotter. Die Delfintouren sind für den Rest des Tages ausgebucht, das ist aber nicht so schlimm, weil wir unterwegs einen Wegweiser zur Le Bons

Ein Stück „Heimatgefühl“ am anderen Ende der Welt ...

Bay entdeckt haben und unbedingt noch dorthin wollen, vielleicht ist ja ein entfernter Verwandter – in diesem Falle von Frank – vor einigen hundert Jahren dort an Land gegangen.

Die Fahrt zur Le Bons Bay ist ziemlich spektakulär, eng und kurvig windet sich die Straße über die grünen Hügel! Für eine Strecke von 30 Kilometern benötigen wir etwa eine Stunde. Hier erleben wir zum ersten Mal die neuseeländischen Schotterpisten, die uns den Rest unserer Reise begleiten werden. Während der Fahrt halten wir immer wieder an, um den atemberaubenden Ausblick zu genießen. Die Weite der grünen Hügel – besprenkelt von kleinen weißen Flecken (Schafe) –, zwischen denen sich immer wieder der Blick auf die kleinen Buchten öffnet, ist einfach unbeschreiblich schön. Beinahe halsbrecherisch sind dagegen die Kurven der Landstraße, obgleich gesichert, die sich hinunter zur Le Bons Bay schlängelt. Endlich im Tal angekommen, säumt eine kleine Siedlung gemütlicher Holzhäuser die Straße zum Strand. Der Strand selbst liegt versteckt hinter einer hohen Düne und ist menschenleer. Es ist windig und die Sonne ist unheimlich intensiv, aber es riecht verlockend nach Meer und wir suchen uns einen geschützten Platz in einer Dünenmulde. Emma setzen wir – ausgestattet mit Hut, Langarmshirt und langer Hose gegen die Sonne – auf eine Decke, sie begutachtet die Kleider, die wir darauf nach und nach ausbreiten, nuckelt an ihrem pädagogisch wertvollen Holzeis und wirkt äußerst zufrieden.

Ich gehe zuerst ins Wasser. Der Sand brennt unter meinen Füßen, so dass ich renne, bis die kühlende Brandung erreicht ist. Das Wasser dagegen ist nicht so kalt, wie ich dachte, und lädt zum Baden ein – herrlich. In langen Zügen schwimme ich einmal längs die Bucht entlang und zurück und laufe dann wieder zu unserem Platz, wo Emma vergnügt herumkrächzt und Frank sich sogleich aufmacht, die Wellen zu begrüßen. Eine Weile später dösen wir alle in der milder werdenden Nachmittagssonne dahin.

Auf dem Rückweg nach Christchurch halten wir noch unter dem Straßenschild, das die Richtung zur Le Bons Bay anzeigt, und fotografieren uns darunter, unsere eigene Bucht, das muss schließlich dokumentiert werden. Wir halten eine Stunde später an einem Pub, vor dem viele schwere Motorräder parken, weil wir schrecklich hungrig geworden sind nach unserem Strandausflug. Wir bestellen Steak Sandwich für mich, Fish & Chips für Frank und für Emma gibt es ein aufgewärmtes Gläschen *New Zealand lamb with vegetables*. Dazu kann man eigentlich nur Bier trinken! Am Tisch neben uns sitzen einige einheimische Seniorinnen und Senioren. Eine Dame mit blassblauen Locken spricht uns an, es entspinnt sich der typische Smalltalk. Sie gibt uns den Tipp: „Wenn ihr mal nichts zu Essen findet, auf Pub Food ist immer Verlass – meist ist es richtig gut." Und sie hat Recht – das Essen ist wirklich gut und genau das Richtige nach so einem Tag. Die Dame gehört zu einer Gruppe von älteren Leuten aus Christchurch, die das Wochenende wie so viele auf der Banks Penisula verbracht haben. In Deutschland hat sie einmal Heidelberg und München besucht. Gestärkt fahren wir in der untergehenden Sonne dann nach Hause zu Claudias Cottage, wo wir todmüde ins Bett fallen – noch zwei Tage, dann übernehmen wir unser Wohnmobil.

Kapitel 3

Die Tour beginnt

Dann ist es soweit: Wir haben wieder gepackt, unsere Sachen in dem kleinen japanischen Auto verstaut und sind etwas wehmütig, jetzt, wo wir Claudia und ihrem gemütlichen Cottage Lebewohl sagen müssen. Auch Emma hat sich hier sehr wohl gefühlt. Nach einer Woche sind wir angekommen in Neuseeland, und startklar für unser neues Abenteuer. Der Abschied von Claudia ist sehr herzlich und ein bisschen traurig und wir versprechen uns gegenseitig, in Kontakt zu bleiben.

Zunächst fahren wir zurück zum Flughafen, um dort den kleinen Japaner gegen einen großen Japaner zu tauschen – ein Wohnmobil des Typs Mitsubishi Canter. Bei dem nicht ganz neuen Wagen, das wir bei United Campervans mieten, handelt es sich um ein über fünf Meter langes Fahrzeug mit drei Vordersitzen (das zu finden war gar nicht so leicht, aber wir wollten alle drei beieinander sitzen), einem Alkoven mit gemütlichem Bett über der Fahrerkabine, einer voll ausgestatteten Küche, einem Bad mit Dusche und WC und einer Sitzlandschaft, die man leicht in ein ziemlich großes Bett umbauen kann. Warum so ein großes Ding? Nun, es ist vergleichsweise günstig – weil nicht ganz neu – und ich will unbedingt eine Toilette für Notfälle und die Nacht haben, mit der Toilette kommt auch eine Dusche und die Küche ist für uns auf jeden Fall ein Muss.

Tisch und Sitzecke im Heck des Wohnmobils lassen wir bereits nach kürzester Zeit für den Rest der Reise unter der Bettlandschaft verschwinden, erstens, weil es uns zu anstrengend ist, jeden Tag umzubauen, und zweitens, weil es für und mit Emma so viel praktischer ist – sie hat einen großen Spielbereich, von dem sie auch nicht so schnell herunterfallen kann, und es ist generell gemütlicher. Der Boden des Fahrzeugs ist im Wohnbereich mit einem abgeschabten blauen Teppich ausgekleidet – überhaupt ist die gesamte textile Ausstattung von einem bestechenden Blau –, darunter befindet sich ein grauer Kunststoffboden. Im hinteren Bereich liegt gleich links von der Eingangstür das winzige Bad und gegenüber die Küchenzeile mit Gasofen, Kühlschrank und Spüle. Es gibt ausreichend Stauraum im Wohnmobil, sehr viele gesicherte Schränke und Schubladen – leer oder mit Campingausstattung. Man kann von hinten über eine niedrige Brüstung nach vorne in die Fahrerkabine klettern oder diesen Bereich durch einen Vorhang abtrennen.

Als wir den Camper in Empfang nehmen, schlägt uns aus dem Inneren ein stechender Geruch nach Putzmitteln entgegen, den wir aber – so hoffen wir – mit einigen Tagen guter Durchlüftung eliminieren können. Nachdem wir eingeräumt und uns einige Vorräte im nächstgelegenen Supermarkt zugelegt haben, fahren wir los – unser Abenteuer kann beginnen.

Wir setzen Emma in ihren Maxi Cosi auf den linken Vordersitz, ich nehme erst einmal in der Mitte Platz und Frank nimmt, immer noch etwas ungewohnt, rechts auf dem Fahrersitz Platz. Er startet das schwerfällige und laute Gefährt und der Dieselmotor beginnt zu brummen. Die Navigation ist am Anfang gar nicht so einfach. Frank manövriert den Camper vom Parkplatz hinunter und uns aus der Stadt hinaus in Richtung Lake Tekapo, wo wir in zwei Tagen ankommen wollen.

Da es bereits Nachmittag ist, nehmen wir uns für den heutigen Tag keine lange Strecke mehr vor, noch zwei Stunden bis zu einem Campingplatz im Peel Forest – einem der DOC-Campgrounds, die in Naturschutzgebieten liegen und zwar oft weniger bis keinen Komfort bieten, landschaftlich aber meist unschlagbar und manchmal nahezu kostenlos sind. DOC ist die Abkürzung für das Department of Conservation, die Aufsichtsbehörde über die neuseeländischen Naturschutzgebiete. In jeder größeren Stadt und in vielen Nationalparks unterhält die Behörde Infocenter, in denen es Verzeichnisse der Campingplätze und andere kostenlose Broschüren gibt.

An das Fahren im Wohnmobil muss ich mich erst gewöhnen, der Mittelplatz ist auch nicht gerade komfortabel, aber Emma ist sofort eingeschlafen bei dem sonoren Brummen des Dieselmotors und der Fahrtbewegung. Die Landschaft um uns herum ist grün, sanft gewellt und erinnert ein bisschen an das Allgäu, sie ist eher gemütlich als aufregend. Auf halber Wegstrecke stellt Frank fest, dass er seine Sonnenbrille verloren hat bzw. sie vermutlich noch in unserem kleinen japanischen Mietauto liegt, was für ihn sehr frustrierend ist, da die Brillengläser mit Sehstärke ausgestattet waren. Fortan bleibt ihm nichts anderes übrig, als sich eine getönte Klappe über seine Brille zu stecken, was mich zu meiner Belustigung sehr an meinen Vater in den Achtzigern erinnert. Und das ist nur der erste einiger schwerwiegender Verluste.

Nach zwei Stunden, in denen es angefangen hat zu nieseln, erreichen wir einen Wegweiser zum Peel Forest. Wir folgen ihm und fahren eine enge, gewundene Schotterpiste entlang, die sich als unerwartet lang herausstellt, erst nach einer gefühlten halben Stunde erreichen wir schließlich den Campingplatz. Es ist einer der besser ausgestatteten und größeren DOC-Campgrounds und scheint ein beliebtes Übernachtungsziel für Ferienlagerteilnehmer zu sein, auf jeden Fall sind Unmengen von Jugendlichen in kurzen Hosen unterwegs und tragen volle oder leere Schüsseln, Teller und Besteck hin und her – Zeit für das Dinner also. Wir suchen uns einen freien Platz auf der großen Wiese und stellen fest, dass es gar nicht so einfach ist, den Camper bei leicht unebenem Gelände wirklich gerade zu parken. Schon eine leichte Schräglage lässt einen im Innenraum schnell schwindelig werden, und auch beim Liegen ist es irgendwie seltsam, wenn das Wohnmobil sich nicht in der Horizontalen befindet. Frank manövriert also ein paar Mal hin und her, bis wir dem Gefühl nach gerade stehen, dann stellt er den Motor ab und Emma wacht wieder auf.

Beim Umsteigen in den Wohnbereich fällt uns auf, dass die hintere Eingangstüre offenbar nicht ganz dicht schließt, denn nach der Fahrt über die Schotterpiste sind alle Oberflächen in der Küche von einer feinen Staubschicht überzogen. Ein kleines Lüftungsgitter in der Türe wird daraufhin von uns zugeklebt und wir legen ab sofort noch zusätzlich ein zusammengerolltes Handtuch davor, wenn wir unterwegs sind. Allerdings ist auch das nicht die ultimative Lösung, und so werden wir uns daran gewöhnen, öfter einmal abzuwischen.

Emma bekommt ihren ersten Abendbrei im Camper, den sie mit gutem Appetit vertilgt. Danach testen wir den kleinen Gasherd, indem wir Nudeln mit Tomatensauce zubereiten – immer wieder beliebt und beglückend. Alles funktioniert! Das Resultat ist zwar nicht besonders lukullisch, aber das kann ja noch kommen. Den Abwasch danach erle-

Emma fühlt sich im Camper sichtlich wohl

digen wir mit so wenig Wasser wie möglich, um uns schon mal daran zu gewöhnen, wie es sein könnte, wenn wir auf entlegenen Campingplätzen ohne Dump-Station (Stationen für Abwasserentladung und Frischwasserbetankung) für mehrere Tage bleiben.

Es wird merklich kühler im Wohnmobil und die Feuchtigkeit von draußen scheint auch durch die Fenster zu dringen. Für Emma ist es Schlafenszeit. Ich klettere mit ihr nach oben über die Fahrerkabine und breite ihr Schaffell aus. Emma schläft in einem Schlafsack aus Wolle, weil sie sich so nicht aufdecken und auskühlen kann. Ich lege sie auf das Schaffell und mich daneben. Nach dem Stillen schläft sie allmählich ein, umhüllt von einer Schutzmauer aus diversen Kissen, und nach einer Weile klettere ich die Leiter wieder hinunter. Frank und ich bringen noch das Fallnetz am Alkoven an, damit für Emma, obgleich sie wirklich noch nicht mobil ist, keine Gefahr besteht. Schließlich zaubern wir unter der Sitzgruppe des Wohnmobils eine blaue Bettenlandschaft hervor. Die Decken sind warm und gemütlich und sämtliche Bezüge bestechen, wie schon erwähnt, durch ein kräftiges Kobaltblau. Wir sind ziemlich erschöpft von diesem ersten Tag, trotzdem brauche ich eine Weile, um einzuschlafen, zu neu sind die Geräusche aus dem nahen Wald, die durch die dünnen

Fenster dringen. Irgendwann fängt Emma an zu schreien und wir holen sie zu uns herunter, wo wir sie zwischen uns legen. Ich stille sie und dabei schlafen wir beide wieder ein. Emma weckt mich noch zweimal in dieser Nacht, jedes Mal merke ich dabei, wie eine unangenehme Kälte durch die Fenster kriecht, und eine Zeitlang hält mich auch der Regen wach, der auf das Dach des Campers klopft. Alles in allem ist es keine wirklich angenehme erste Nacht.

Der nächste Morgen erweist sich dann auch als grau und nebelverhangen, so dass wir nach einem schnellen Frühstück gleich aufbrechen in Richtung Lake Tekapo und unsere eigentlich geplante Wanderung im Peel Forest sein lassen. Zum Frühstück bereiten wir uns Kaffee in der Kolbenmaschine, die zur Camper-Ausrüstung gehört, und den Toast grillen wir in unserem kleinen Backofen. Emma begnügt sich mit einem Frühstück an der Milchbar. Im Anschluss will alles richtig verstaut sein, also müssen wir zuerst abspülen, alle Geräte wieder einräumen und die Schubladen sichern. Es passiert uns einige Male, dass wir irgendeine Schublade vergessen und sie mit lautem Klappern in einer Kurve aufspringt, und einmal müssen wir sogar einen großen Verlust in Kauf nehmen, aber davon später.

In Richtung Lake Tekapo lichtet sich der Himmel, es wird ein klarer, sonniger Tag. Am Horizont können wir bereits die südlichen Alpen sehen, die Hügel um uns herum werden kahler und die Landschaft immer wüstenartiger. Plötzlich taucht am Ende der langen, schnurgeraden Straße der Lake Tekapo auf – ein schmaler leuchtender Streifen von einem unglaublich intensiven Türkisblau. Die Farbe verdankt der See bestimmten Gesteinssedimenten, die im Gletscherschmelzwasser gelöst sind, das sich in ihm sammelt.

Das leuchtende Türkisblau kommt immer näher, bis wir schließlich am Seeufer entlang zu unserem Campingplatz für die nächsten zwei Nächte fahren. Er liegt in einer Art Pinienhain, ist recht voll und teuer, aber so ziemlich der einzige auf dieser Strecke und somit nicht zu umgehen.

Die Landschaft ist karg und trocken und hier in der staubigen Wüstenluft riechen wir in unserem Wohnmobil auf einmal etwas Seltsames – einen leicht süßlichen, stechenden Geruch – eine Mischung aus nassem

Startklar zur ersten Wanderung

Hund und Urin, der aus der Ecke unterhalb der Brüstung zwischen Fahrerkabine und Wohnbereich kommt. Was kann das sein? Nähert man sich der verdächtigen Stelle, verzieht sich der Geruch, scheint auf einmal woanders her zu kommen und ist nicht wirklich fassbar. Während Frank mit Emma einen Spaziergang zum See macht, rolle ich den Teppich zur Seite und rücke dem Boden und dem angrenzenden Schrank mit Putzmitteln zu Leibe. Die schlimmste Vorstellung: eine tote Maus oder Ratte, die in einer unzugänglichen Ecke vor sich hin gammelt. Als die beiden zurückkommen, ist der Geruch etwas schwächer geworden, aber wir nehmen uns vor, so bald wie möglich die Campervermietung anzurufen und uns zu beschweren, was nicht sofort möglich ist, da wir am Lake Tekapo keinen Handyempfang haben.

Aber wie es dann doch so ist: Nach zwei Tagen am türkisblauen Lake Tekapo haben wir den Gestank – der sich nach meiner Putzaktion tatsächlich erst einmal verzogen hat – auch schon beinahe wieder vergessen, und wir fahren weiter gen Süden. Die kommenden Wochen, in denen wir die Südinsel im Uhrzeigersinn umrunden, vergehen ohne nennenswerte Geruchsattacken. Hin und wieder einmal kommt es vor, dass wir ein unangenehmes Odeur wahrnehmen, meist dann, wenn wir gerade fahren und es bin in der Regel ich (denn ich sitze direkt in der Duftschneise vor dem Durchgang nach hinten), die dann bemerkt: „Frank, es stinkt wieder." Woraufhin Frank schnüffelt, die Nase verzieht und sagt: „Morgen rufen wir bei United an. Das ist ja wirklich der Allerletzte!" Aber wir haben trotz unserer neuseeländischen SIM-Karten so selten ein Mobilnetz und vor allem auch so viel Besseres und Schöneres zu tun, dass wir eben doch nie anrufen, solange sich der Geruch mit ein bisschen Putzen vorübergehend wieder beseitigen lässt. Zum Thema Netz sei noch kurz angemerkt, dass es auf den einfachen DOC-Campingplätzen, die wir meist aufsuchen, eigentlich nie WLAN gibt, und so ziehen wir unser mitgebrachtes MacBook nur hin und wieder auf voll ausgestatteten Campingplätzen heraus, um online zu gehen. Ansonsten nutzen wir es nur zum Speichern von Bildern. Und sowohl Frank als auch ich empfinden es als sehr angenehm, einfach mal offline zu sein.

So genießen wir erst einmal den lauen Abend am Lake Tekapo. Geologisch gesehen sind wir auf einmal in einer ganz anderen Gegend als noch ein paar Stunden zuvor, hier – inmitten der kargen und schroffen Landschaft der südlichen Alpen – herrscht ein sehr trockenes, steppenartiges Klima. Die Bäume, die dem Campingplatz Schatten spenden und sich zu einem kleinen Wald bergaufwärts verdichten, sind nicht ursprünglich hier beheimatet, sondern von den frühen Siedlern aus Europa angepflanzt worden. Das erklärt uns Walther, ein aus Australien stammender Biologe um die Fünfzig, von üppiger Statur, mit einem Schnauzbart und dicken Brillengläsern, der mit seinem Wohnmobil den Nachbarplatz belegt. Er wird begleitet von seinen beiden Schwestern und der Mutter, die hier gemeinsam mit ihren Kindern ihren achtzigsten Geburtstag verbringt. Walther und seine Schwestern erzählen, dass diese Rundreise durch Neuseeland ein Überraschungsgeschenk war. Da sie in Australien weit voneinander entfernt wohnen, bedeutet dies eine schöne Gelegenheit für die Geschwister, Zeit mit ihrer noch sehr rüstigen Mutter zu verbringen. Walther ist ein Misantrop, der an keiner Sache ein gutes Haar lässt.

„Bah, hier oben gibt es normalerweise überhaupt keine Vegetation, abgesehen von ein paar Gräsern – alles eingeschleppt, was ihr hier an Grün seht."

„Ihr kommt aus Deutschland? Lächerlich, was ihr Städte nennt, ich war einmal in Berlin, verglichen mit Sydney ist das ein Witz. Und erst

Stuttgart – bah – man kommt sich vor wie auf einem türkischen Markt dort, oder wie irgendwo in Serbien."

„Neuseeland? Wundervolles Land, aber total befallen von eingeschleppten Jagdtieren, ich weiß es, ich bin Ornithologe. Bald ist nicht mehr viel da von den einheimischen Vögeln. Wenn ihr könnt, solltet ihr unbedingt die Otago-Halbinsel bei Dunedin besuchen und Euch die Albatros-Kolonie anschauen. Die einzige Albatros-Kolonie auf dem Festland weltweit."

Dann empfiehlt er uns noch, falls wir nicht zunächst zum Mt. Cook, dem höchsten Berg Neuseelands fahren wollten, den direkten Weg zur Küste zu nehmen, weil es unterwegs „so rein gar nichts" zu sehen gebe. An der Küste schickt er uns dann nach Oamaru, „eine alte Stadt, sogar für die Augen eines Europäers." Seine Schwestern machen sich über Walther und sein lästerhaftes Maul lustig und schäkern mit Emma, die auf Franks Schoß sitzt und total fasziniert die Enten beobachtet, die um unseren Klapptisch herum watscheln. Der Abend ist mild und richtig sommerlich, als es dunkel wird, bringe ich Emma ins Bett und wir bleiben bei einem Glas Wein noch eine Weile draußen sitzen. Die Dunkelheit bricht hier schnell herein und in der klaren Nacht erleben wir einen überwältigend schönen Sternenhimmel. Die Milchstraße ist deutlich zu erkennen und mit dem Blick auf das Kreuz des Südens wird mir auf einmal sehr bewusst, dass wir uns am anderen Ende der Welt befinden.

Der Himmel begrüßt uns am Morgen blau und wolkenlos und es ist schon angenehm warm. Wir beschließen, eine Wanderung auf den Mount John zu machen, eine Rundwanderung, die laut Ausschilderung drei Stunden in Anspruch nimmt. Frank trägt Emma in der Bauchtrage, wir ziehen ihr ein langärmeliges Shirt, eine lange Hose und einen Hut gegen die Sonne an und cremen uns alle gut ein. Der Rucksack wird mit Proviant und Windeln gefüllt und los geht's zu unserer ersten Wanderung. Wir starten mit dem steileren Aufstieg durch den Wald, wobei Emma sofort einschläft, und treffen viele entgegenkommende Wanderer, unter ihnen auch eine Familie mit drei Kindern. Der Vater trägt dabei zwei auf einmal, ein Kind vorne und eines mit einer Rucksacktrage auf dem Rücken – Hut ab! Nach ungefähr fünfzehn Minuten lichtet sich der Wald und bald passieren wir die Baumgrenze, ab jetzt ist es richtig heiß und der Bodenbe-

Pause auf dem Mount John

wuchs besteht nur noch aus struppigen Gräsern.

Nach ungefähr einer Stunde Aufstieg erreichen wir die Sternwarte auf Mt. John. Walther hat uns am Abend vorher erzählt, dass hier oben besonders günstige Bedingungen zum Beobachten der Sterne herrschen, es ist fast immer klar und weit und breit findet sich keine „Lichtverschmutzung". Uns bietet sich rundum eine sensationelle Aussicht über die trockene Berglandschaft mit den dazwischen gestreuten türkisblauen Seen, ein unwirklicher Anblick, eine richtige Mondlandschaft, finde ich. Wir machen Rast in der Gaststätte auf dem Gipfel, wo Emma wieder aufwacht und ihr Mittagsgläschen mit Lamm und Gemüse verspeist, während wir unsere mitgebrachten Sandwiches verzehren.

Der Rundweg führt uns danach weiter in einer langen Kurve um den Lake Tekapo, zuerst über die ausgetrockneten, staubigen Hügel mit hohem strauchartigen Gestrüpp, dann wieder durch den dichter werdenden Wald am Ufer entlang. Unterwegs müssen wir feststellen, dass wir zu den am besten ausgerüsteten Wanderern auf diesem Rundweg gehören. Diverse Leute, die uns entgegenkommen, sind mit Flip Flops und ohne Gepäck unterwegs, eine junge Frau hat lediglich ihren Ipod und eine kleine Wasserflasche dabei, als sie uns nach dem Weg zur Gipfelraststätte fragt. Aber auch viele andere Wanderer, die wir treffen, sind ohne irgendwelche Ausrüstung oder Sonnenschutz unterwegs, was manche dann doch scheinbar bereuen. „Die Engländer sind einfach härter im Nehmen" , stelle ich fest, da ich pauschal davon ausgehe, dass die meisten der Unausgerüsteten Engländer sind, was sicher zum Teil ein Vorurteil ist. Auch wir selbst entsprechen wohl ebenso dem Klischee der Deutschen, die für alle Fälle gut vorbereitet sind, aber hier treffen wir auch einige Landsleute, die noch ein bisschen besser planen als wir. Emma wird irgendwann quengelig und so machen wir eine Pause, sobald wir im schattenspendenden Wald ankommen. Nach ungefähr vier Stunden sind wir wieder zurück auf dem Campingplatz und lassen uns auf das große Bett fallen, staubig und erschöpft fürs Erste.

Später bade ich Emma in einer Art Riesenwaschbecken im Waschraum, was sie sehr lustig findet, und wir spazieren noch ein bisschen über den Campingplatz, auf dem es auch jede Menge interessanter, in die Jahre gekommener Wohnwagen gibt, die eine gewisse Nostalgie ausstrahlen. Frank fühlt sich nach der ersten Wanderung mit Bauchtrage gut und bereit für weitere Touren, aber wir sind uns einig, dass vier Stunden das Maximum sind, das wir Emma zumuten können. Die Luft am Lake Tekapo ist staubig und man hat das Gefühl, dass die feinen Partikel sich überall absetzen, auch auf den Schleimhäuten und in den Augen.. Ich muss die ganze Zeit husten. Am kommenden Morgen wollen wir weiterfahren, entweder zum Mt. Cook oder direkt an die Ostküste. Die Australier sind bereits abgereist.

Blick vom Mount John am Lake Tekapo

Kapitel 4

Aloha from Hawaii

Gesagt, getan, nach einem gemütlichen Frühstück brechen wir anderntags auf in Richtung Ostküste. Zunächst überlegen wir, ob wir nicht doch eine Tour zum Mt. Cook machen, aber die Wettervorhersage für die Region ist sehr ungünstig, und wir haben von einigen Reisenden gehört, dass nichts frustrierender ist als schlechtes Wetter in dieser Gegend, weil man dann meist vor lauter Nebel überhaupt nichts sieht. Und wirklich – der Himmel zieht zu und es wird immer dunkler. Einen Augenblick später trommeln die ersten Regentropfen auf unser Wohnmobil. Nach einem kurzen Halt an der Dump Station – keine wirklich schöne Angelegenheit – fahren wir weiter in Richtung Südosten. Die Landschaft ist noch immer recht karg und die braunen Hügel sind übersät mit Schafen, tiefhängende Wolken verfangen sich in den Bergketten rings herum, und der Himmel scheint bedrohlich nahe. Ich denke über meine Begeisterung für Neuseeland nach. Schon als junges Mädchen wollte ich unbedingt einmal hierher kommen. Im Bücherregal meiner Mutter fanden sich damals Bücher von Mary Scott, einer nach Neuseeland emigrierten Britin, die in den fünfziger und sechziger Jahren „heitere Romane aus Neuseeland" veröffentlichte, und damit auch in Deutschland sehr erfolgreich war. Heute finden sich keine lieferbaren Titel mehr von ihr auf dem deutschen Markt, was ich aus reiner Sentimentalität ein bisschen schade finde. Die Geschichten waren immer ähnlich: Eine junge Frau kommt aus der Großstadt oder dem Ausland in eine ländliche Gegend Neuseelands, sei es, dass sie von einer entfernten Tante eine Tankstelle erbt oder sich aus Liebeskummer entschließt, eine Dorfbibliothek am anderen Ende des Landes zu übernehmen. Die junge Frau wird dann in allerlei spannende und unterhaltsame Ereignisse mit den anderen Dorfbewohnern hineingezogen und am Ende findet sie natürlich den Mann ihres Lebens. Es gab auch die Variante eines jungen Ehepaares, das sich gegen den Bau eines Supermarktes an ihrem Wohnort zur Wehr setzt und eine Bürgerinitiative gründet. Wie auch immer, ich erinnere mich auch deshalb so gerne an die

Bücher von Mary Scott, weil ich mich mit ihnen als Dreizehn- oder Vierzehnjährige bisweilen auf unserem Dachboden verschanzt habe. Ich hatte mir ein gemütliches Lager zwischen alten Kartons und Möbeln errichtet und schaltete an kalten Tagen ein kleines Heißluftgerät ein. Stundenlang saß ich dann dort und vergaß die Probleme, die die Pubertät eben so mit sich bringt.

Und seit damals wollte ich unbedingt nach Neuseeland. Das erste Mal war es dann vor fünf Jahren soweit, ich fuhr, wie schon erwähnt, alleine und mit einem Monat war es eine viel zu kurze, aber schöne Zeit. Da ich, einunddreißigjährig, die Altersgrenze für ein Working-Holiday-Visum schon überschritten hatte, reiste ich einfach nur herum: Ich hatte ein Hop-on/Hop-off-Ticket für eine der Busgesellschaften, die sich auf Backpacker spezialisiert haben und auf beiden Inseln unterwegs sind. Interessanterweise lernte ich damals vor allem Frauen meines Alters kennen, darunter viele alleinreisende Engländerinnen, die ein Sabbatjahr eingelegt hatten, was in anderen Ländern offensichtlich sehr viel anerkannter ist als in Deutschland. Mit einigen meiner Reisegefährtinnen habe ich bis heute Kontakt, und witzig finde ich auch, dass die meisten von ihnen jetzt auch Kinder in Emmas Alter haben und verheiratet sind – aber vielleicht ist das ja auch einfach normal.

Auf jeden Fall komme ich während der eher eintönigen Fahrt durch den regnerischen Tag ins Grübeln, und Frank und ich sind beide recht einsilbig. Emma schläft wieder die meiste Zeit, dazwischen meldet sie Hunger an oder möchte einfach nur ein bisschen beschäftigt werden. An der Küste angekommen fahren wir nach Oamaru, jene *historical town*, wie das Stadtschild anpreist, von deren Hafen aus am Ende des neunzehnten Jahrhunderts zum ersten Mal gefrorenes Fleisch nach Europa transportiert wurde. Und wirklich, das Zentrum der Stadt besteht aus aufwendig restaurierten Gebäuden aus jener Zeit, in Hafennähe befinden sich viele riesige Speichergebäude, die heute jedoch alle nur noch touristisch genutzt werden. Wir machen einen kleinen Spaziergang durch die Innenstadt und das Hafenviertel und essen meatpies in einem kleinen Café, für Emma gibt es heute *pumpkin and wild rice*. Schließlich zieht es uns noch zu der Pinguinkolonie, die hier angeblich direkt am Pier leben soll, von denen wir jedoch keinen einzigen zu sehen bekommen. Frank stellt fest, dass er an solch einem trostlosen Ort auch kein Pinguin sein wollte – die Gegend erinnert ein bisschen an ein deutsches Industriegebiet – und wir fahren weiter.

Unser Campingplatz für heute Nacht ist wieder ein DOC-Campground, und zwar einer der ganz einfachen, bei denen man sich vor Ort registriert, dann einen gelben Wimpel ans Auto oder Wohnmobil klemmt und die Übernachtungsgebühr in eine Kasse des Vertrauens wirft. Bevor wir den Highway in Richtung Campingplatz verlassen, bekommt Emma einen Schreianfall, wir halten daher kurz an und ich stille sie, was sie aber nur mäßig beruhigt. Diese Momente hasse ich, sie schreit aus welchen Gründen auch immer – Müdigkeit, Hunger, Bauchschmerzen –, wenn wir uns gerade noch auf dem Weg irgendwohin befinden, und wir sind dem hilflos ausgeliefert. Nach diversen Beruhigungs- und Ablenkungsmanövern schläft sie schließlich wieder ein. Die gute Nachricht ist, dass das Geschrei nichts mit Neuseeland zu tun hat, sondern einfach damit, dass ihr die Situation, in der sie sich gerade befindet, nicht gefällt, und das passiert hier genauso wie zuhause in Berlin. Und da müssen wir wohl alle einfach durch.

Trotters Gorge, so heißt das Naturschutzgebiet, in dem sich der Campingplatz befindet. Und wieder geht es eine halbe Stunde mit 25 Stundenkilometern über eine kurvenreiche Schotterpiste, ich bekomme Kopfschmerzen und mir wird etwas übel, aber schließlich erreichen wir unser Ziel, und: Wir sind die einzigen Gäste. Der Campingplatz liegt am Eingang einer Schlucht – der Namensgeberin – und besteht aus einer Wiese in der Größe eines Fußballfeldes, die links und recht von hohen Bäumen gesäumt ist und geradeaus in die eben erwähnte Schlucht führt. Am Ende des Feldes steht ein kleines Toilettenhäuschen ohne elektrisches Licht, aber immerhin mit einer Wasserspülung, keine Selbstverständlichkeit, wie wir bald merken werden.

„Wo sollen wir uns jetzt bloß hinstellen?“, fragt Frank, da uns bei so vielen Auswahlmöglichkeiten die Entscheidung schwerfällt. „Wir sind ganz alleine hier, ist das nicht etwas unheimlich?“, fröstele ich beim Gedanken an die bevorstehende Nacht. Aber wir wollen bleiben, denn es ist wunderschön hier. Die Abendsonne taucht die Landschaft um uns herum in ein weiches, warmes Licht, und fremdartige Vogelstimmen dringen laut

Abgeschieden in der Trotters George

aus dem Wald zu uns herüber. Wir nehmen die einzige Bank in Beschlag und decken sie für unser Abendessen. Auch Emma schaut sich um und scheint Gefallen an der Umgebung zu finden. Sie bekommt ihren Abendbrei, während es für uns Reis mit Gemüse gibt, eines der Gerichte, die wir mit am häufigsten während unserer Reise zubereiten. Fisch und Fleisch machen wir eher selten im Wohnmobil, Fisch lässt sich noch etwas besser garen, wenn man ihn dünstet oder im Backofen grillt, aber Fleisch anzubraten ist eine zu geruchsintensive Angelegenheit. Hin und wieder jedoch grillen wir draußen, die meisten Feuerstellen gibt es allerdings auf der Nordinsel, wie wir später noch feststellen werden.

Als wir unser Abendessen beinahe beendet haben, kommt ein kleiner Camper auf den Platz gefahren und stellt sich in ca. 15 Meter Abstand neben uns. Ich weiß im ersten Moment nicht so recht, ob ich mich darüber freuen oder es schade finden soll, dass jemand in unsere Campingplatzidylle hereinbricht. Später jedoch, als Emma bereits schläft, gesellen wir uns zu Larry und Barbara, einem Professorenehepaar um die Fünfzig aus Hawaii, und erfahren, dass die beiden ein Sabatjahr hier in Neuseeland verbringen. Obwohl unser Wohnmobil nur etwa zehn Meter neben dem Tisch steht, den unsere Nachbarn aufgebaut haben, schaue ich immer wieder nervös in Richtung hinterer Eingangstür, ob auch alles in Ordnung ist. Wir haben das Babyfon mitgenommen und hören Emma sogar atmen, aber ich bin trotzdem nervös, nun ja …

Barbara kredenzt Schokolade und klein geschnittene Äpfel, wir haben ein paar Chips mitgebracht. Die beiden sind seit drei Monaten in Neuseeland, eigentlich wohnen sie in Auckland, wo sie über die Universität günstig an eine Wohnung gekommen sind, und haben hier einen Forschungsauftrag, aber jetzt nehmen sie erst einmal eine Auszeit und reisen durchs Land. „Die Flora und Fauna erinnern uns an Hawaii, aber es ist doch ganz anders, ein fantastisches Land – wie im Märchen. Und so einsam, gerade hier an der Ostküste und weiter südwärts in den Catlins, dort müsst ihr unbedingt hin." Larry zeigt uns dann noch ein Foto, auf dem einige seltsame riesige Steinkugeln vor einem perfekten Sonnenuntergang abgebildet sind. „Die Moeraki Boulders", so erfahren wir, „sind hier ganz in der Nähe. Die müsst ihr Euch unbedingt anschauen. Ist das nicht ein tolles Foto?" Und während wir noch den purpurfarbenen Sonnenuntergang bestaunen, kriegt er sich fast nicht mehr ein vor Lachen. „Nein", sagt er, „ Ich habe dieses Foto gar nicht gemacht. Als wir dort waren, hat es in Strömen geregnet. Ich habe dann einfach im Restaurant das Foto an der Wand aufgenommen, kein Unterschied zu merken oder?" Überhaupt scheint Larry ein Spaßvogel zu sein, was seine Frau aber nicht immer ganz witzig findet, wie wir schnell bemerken.

Auf einmal hören wir Motorengeräusche. Es ist bereits dunkel und so sind die Scheinwerfer des Wagens lange zu sehen, bevor er auf den Campingplatz einbiegt.. Es ist ein blauer Jeep, der auf dem Rasen an uns vorbei bis ganz zum Ende des Feldes fährt. Als das Auto anhält, springen sogleich zwei Männer mit einigen Hunden von der Ladefläche, ein dritter steigt vorne aus, und alle verschwinden im Wald. „Possumjagd", meint Larry, mir ist ein bisschen unheimlich, ehrlich gesagt. „Ist ein beliebter Volkssport in Neuseeland." Die aus Australien eingeschleppten Possums, die so niedlich anzuschauen sind, haben sich in den letzten Jahrzehnten ohne natürliche Feinde in so großer Zahl vermehrt, dass die einheimischen Vogelarten ernsthaft bedroht sind, da die Possums ihre Gelege zerstören. Immer wieder begegnen wir bei unseren Wanderungen dann auch Warnungen vor ausgelegten Giftködern, Schilder am Straßenrand besagen „only a dead possum is a good possum", und „grilled possum" gibt es auch – vielleicht hier im Wald geschossen.

Nach diesen nicht ganz erbaulichen Informationen verabschieden wir uns von Larry und Barbara und gehen zu Bett. Emma wacht auf, kurz nachdem wir zurück im Camper sind und wir holen sie wieder zu uns herunter. Die Nacht ist mild und ich schlafe schnell ein, trotz der Jäger im Wald, die durch meine Träume geistern.

Als uns Emmas Geschrei am Morgen weckt, ist der Jeep verschwunden und auch die beiden Hawaiianer verabschieden sich hupend, während wir noch frühstücken. Emma wacht meist gegen acht Uhr auf, bekommt etwas zu trinken, während ich langsam zu mir komme und Frank Kaffee kocht. Danach frühstücken wir Toast aus dem Backofen und schaffen es in der Regel nicht, vor zehn Uhr loszukommen, aber warum auch – wir sind ja in den Ferien. Emma kann noch nicht robben und dreht sich auch nur selten, das ist zur Zeit recht angenehm. So bleibt sie an dem Platz, an dem man sie absetzt oder hinlegt, und man muss nicht in ständiger Sorge sein, dass sie zum Beispiel gleich vom Bett fällt. Eigentlich klappt das Unterwegssein mit ihr bisher ganz gut. Was mich und auch Frank anstrengt, sind die Nächte, da sie noch etwas unruhiger schläft als zuhause und ich sie alle zwei bis drei Stunden stillen muss. Sie liegt jetzt immer zwischen uns auf ihrem Schaffell und nach dem Stillen schlafen wir zwar gleich wieder weiter, aber es zehrt trotzdem an den Nerven. Zuhause waren wir gerade soweit, dass sie beinahe durchschlief, insofern ist das jetzt erst einmal ein kleiner Rückschritt. Auf jeden Fall ist das Reisetempo mit Kind deutlich verlangsamt, meist schafft man nur die Hälfte von dem, was man sich vorgenommen hat. Dass es beim Reisen nicht darum geht, Punkte auf der Landkarte abzuhaken, erkennen wir auch erst nach einer ganzen Weile.

An diesem Morgen jedenfalls ist der Himmel wieder bedeckt und es beginnt zu nieseln, als wir zu einer kleinen Wanderung in die „Schlucht der Höhlen" aufbrechen. Sobald wir im Wald sind, ist der Regen nicht mehr zu bemerken. Und hier fängt er gleich an, der Regenwald Neuseelands, dieser urwüchsige, moosüberwucherte, immergrüne Wald, der so gut riecht und in dem so andersartige Bäume und Pflanzen wachsen als bei uns in Europa, und in dem ich mich immer ein bisschen fühle wie im Märchen. Meine

Wanderung in den neuseeländischen Urwald – Trotters George

Lieblingsbäume sind die meterhohen, urzeitlich anmutenden Baumfarne, von denen es in Neuseeland unzählige verschiedene Arten gibt, darunter viele, die nirgendwo sonst auf der Welt zu finden sind. Die Baumfarne stechen aus dem Mischwald heraus wie kleine Regenschirme, die man zwischen die anderen Bäume gesteckt hat, aber manchmal finden sich auch Ansiedlungen mit Monokulturen – Baumfarne, soweit das Auge reicht. Auch der Boden ist übersät von Farnen in unterschiedlicher Höhe, zwischen allerlei mit Moosen und Flechten überwachsenen Wurzeln spicken sie den Waldboden. Allein wegen der Baumfarne würde ich immer wieder nach Neuseeland kommen, sie gefallen mir so unglaublich gut, auch wenn ich nicht sagen kann, woher diese Faszination kommt. Ich bin keine Biologin und habe auch anderswo schon Baumfarne gesehen, in Australien zum Beispiel oder in Südostasien, aber nirgendwo sind sie in solcher Hülle und Fülle und in so vielen Varianten zu finden wie hier. Also fange ich an zu fotografieren, im Laufe unserer Reise werde ich an die hundert Bilder von Baumfarnen machen. Hier in Trotters Gorge ist der Wald verglichen zur Westküste noch licht und fast armselig zu nennen, aber es ist unser erster Waldgang und wir sind beeindruckt.

Wir beenden die ausgeschriebene Wanderung nicht, es wäre mit drei Stunden Hin- und drei Stunden Rückweg zu weit für uns und Emma, und der Regen macht sich nun doch bemerkbar – trotz des Waldes. Aber die Höhlen haben wir immerhin erreicht und stellen uns kurz in einer von ihnen unter. Frank versucht, seine Regenjacke über Emma zu ziehen und sie zu schließen. Nachdem das nicht funktioniert, übernehme ich die Babytrage, weil ich ein recht weites Regencape trage, unter dem Emma Platz hat. Sie findet die Position unter der grünen Hülle aber offensichtlich nicht ganz bequem und mäkelt herum, weshalb wir uns beeilen und schnell wieder Richtung Wohnmobil streben, um für Emma ein Gläschen *sweet corn and kumara* aufzuwärmen und uns ein paar Sandwiches und eine Tasse Tee zu machen.

Am Nachmittag fahren wir auf dem Weg nach Dunedin weiter südwärts die Küste entlang und legen einen kurzen Halt bei den am Vorabend bestaunten Moeraki Boulders ein, die Larry so schön fotografiert hat. Bei den Boulders handelt es sich um eine urzeitliche Gesteinsansiedlung am Strand von Moeraki, auf dem insgesamt etwa 50 Steinkugeln mit teilweise bis zu zwei Metern Durchmesser „herumliegen“ bzw. eingebettet sind in eine Mulde aus Kalkton, der vor 60 Millionen Jahren den Grund eines Urmeeres bildete. Die Kugeln wurden angeschwemmt – so unser Reiseführer – und dann bildete sich allmählich Gesteinsschicht um Gesteinsschicht um den Kern, in einem Prozess ähnlich der Entstehung von Perlen, hier allerdings über einen Zeitraum von bis zu 4 Millionen Jahren. Doch sind die Kugeln am Strand auch dem Verfall ausgesetzt, einige von ihnen sind auf phänomenale Weise aufgebrochen und lassen bizarre Muster erkennen, die durch Kalkablagerungen entstanden sind. Auch uns gelingen einige gute Fotos von den scheinbar so einsam am Strand herumliegenden Kugeln, in Wirklichkeit wimmelt es hier nur so von Touristen. Der Parkplatz ist völlig überfüllt und die hundert Meter, die wir Emma über den windigen Strand tragen, sind gesäumt mit kamerabehängten Besuchern aus aller Welt. Ich bin natürlich in Sorge, dass Emma nicht warm genug angezogen ist für diesen Strandausflug – es ist wirklich sehr windig –, aber wenigstens findet sie es witzig. Sie lacht und jauchzt und streckt ihre Nase in den Wind und kann gar nicht genug davon haben.

Nach diesem Touristen-Hotspot fahren wir weiter bis nach Dunedin, wo wir bei einem Supermarkt unsere Vorräte auffüllen. Dunedin entpuppt sich als nette Stadt mit einigen guten Cafés, die wunderbare selbstgemachte Pasteten und Tartes anbieten. Mittags kann man hier generell oft sehr gut essen und als Nachtisch bietet sich immer ein Stück Karottenkuchen mit Zitronenguss und Joghurt an. Nur der Kaffee, das müssen wir feststellen, wird zwar meist groß angepriesen – es ist in der Regel *the best coffee in New Zealand* –, lässt doch aber zu wünschen übrig, fast immer ist er bitter, egal ob Espresso oder *long black*, den ich meistens bestelle. Übernachten können wir leider nicht in der Stadt, weil es hier keinen Campingplatz gibt, also fahren wir weiter auf die Otago Peninsula – eine Halbinsel südlich von Dunedin, auf der die uns schon ans Herz gelegte Albatros-Kolonie zu finden ist.

Auf einem größeren, gut ausgestatteten und recht vollen Campingplatz in Portobello auf der Halbinsel stellen wir das Wohnmobil für die nächsten zwei Tage ab. An diesem Abend nutzen wir die Küche des Platzes und braten uns zwei Steaks, die wir bei mildem Wetter und einem Glas

Beeindruckende Moeraki Boalders

Wein vor unserem Wagen verzehren. Dabei beobachten wir die anderen Campinggäste, unter denen uns besonders eine größere Gruppe von Deutschen auffällt, die mit fünf Wohnmobilen unterwegs ist und offensichtlich von einem sehr lauten, jungen deutschen Paar geführt wird. Die Gruppe sitzt beisammen und bespricht die weitere Reiseroute. Es scheint eine Reise zu sein, bei der die Teilnehmer zwar mit ihrem eigenen Gefährt unterwegs sind, sich aber am Abend immer wieder zusammenfinden. Die Route wird von dem resoluten jungen Paar vorgestellt, von dem man beinahe den Eindruck bekommt, dass es seine Gäste nicht ganz ernst nimmt. Bei den Teilnehmern handelt es sich vor allem Ehepaare in den Fünfzigern. Sehr bald stellen wir fest, dass man sich hier in Neuseeland meistens zwei- oder dreimal begegnet, so wird es uns auch mit dieser Reisegruppe gehen. Wir schlafen alle drei gut in dieser Nacht.

Kapitel 5

Ein silberner Morgen

Den nächsten Tag verbringen wir mit der Besichtigung der Royal Albatros Colony, was interessant, aber auch sehr touristisch ist. Auf einer Bank im Albatros-Zentrum treffen wir Larry wieder, der leicht angetrunken scheint und herumwitzelt. Barbara können wir nicht entdecken. Was die Albatrosse angeht, so machen die sich ein wenig rar. Wir beobachten aus der Ferne einen jungen Albatros, der im Gras sitzt, und später, als wir schon wieder auf dem Parkplatz stehen, sehen wir seine Eltern heranfliegen: Das allerdings ist schon recht beeindruckend, da hier über zwei Meter Flügelspannweite über uns hinweg rauschen. Emma findet die Möwen viel interessanter, die wiederum haben einen Blick auf unsere Sandwiches geworfen.

Auch Dunedin sehen wir uns am darauf folgenden Tag noch einmal ausführlicher an, wir genießen erneut die gute Küche am Nachmittag in einem vegetarischen Café und bummeln die Einkaufsstraße auf und ab in der Hoffnung, ein Fotogeschäft zu finden, das Nikon-Objektive im Sortiment führt. Ja – das ist der zweite und schwerwiegendste unserer Verluste während dieser Reise: Am Tag zuvor hatten wir nämlich vergessen, unsere Kamera entsprechend zu sichern und so lag sie lose auf der Spüle im Wohnmobil, bis die erste Kurve kam und mit ihr ein lautes Krachen. Leider hat es das Weitwinkelobjektiv erwischt, was uns dazu zwingt, fortan mit einem 55-Milimeter-Objektiv zu fotografieren – der wunderschöne Bahnhof von Dunedin passt hier schon nicht mehr ganz drauf. In zwei Geschäften erklärt man uns, man könne das kaputte Teil eventuell einschicken, aber das macht für uns keinen Sinn, und ein neues ist hier in Neuseeland definitiv noch um einiges teurer als in Deutschland. Also benutzen wir ab sofort das andere Objektiv, in der Hoffnung, vielleicht in Queenstown – weil größer und ein Touristenort – ein günstigeres Objektiv zu finden. In einer kleinen Buchhandlung kaufen wir noch zwei sehr einfache Pappbilderbücher für Emma, die sich fortan als

Segen bei plötzlich aufkommender Unzufriedenheit während des Fahrens erweisen.

Nach unserem Stadtbummel brechen wir schließlich auf weiter in Richtung Süden – wir wollen uns die Catlins ansehen, das Gebiet im äußersten Südosten Neuseelands, das etwas abseits der Haupttouristenroute liegt und das uns Larry und Barbara so sehr empfohlen hatten. Hier gibt es einige DOC-Campingplätze, auf denen wir ein paar Nächte verbringen wollen. Während der zweistündigen Fahrt in die Catlins verändert sich die Landschaft wieder allmählich: Die Hügel sind hier etwas satter grün und mit mehr Büschen bewachsen, insgesamt machen die Hügel und Täler einen urwüchsigen Eindruck. Es ist eine sehr liebliche Landschaft. In einer Tiefebene, durch die wir fahren, ist die Straße von kleinen Palmgewächsen gesäumt, die Hügel sind auch hier gesprenkelt von Schafen, und insgesamt wirkt die Gegend einsam und einladend. Unseren favorisierten Campingplatz am Fluss Tawanui zu finden, erweist sich dann als ein recht schwieriges Unterfangen. Zuerst fahren wir vom Highway ab und hoppeln ungefähr zehn Minuten über eine Schotterpiste, bis wir feststellen müssen, dass eine Brücke, über die unser Weg

Der Bahnhof von Dunedin

eigentlich führt, eingestürzt und der Weg somit blockiert ist. Wir drehen also wieder um und halten auf dem Rückweg zum Highway an einer Art kleinem Camp, wo wir nach dem Weg fragen. Der Betreiber des Camps würde uns gegen eine Gebühr auch in seinem Garten übernachten lassen, aber so richtig schön finden wir das nicht und wollen weiter. Wir erfahren, dass es noch einen anderen Weg zu unserem Campingplatz gibt, wenn wir auf den Highway zurückfahren und eine Abfahrt in fünf Kilometern nehmen.

Gesagt, getan, nach der besagten Abfahrt jedoch ist die Beschilderung derart verwirrend, dass wir uns prompt verfahren und nach zwanzig Minuten wieder umdrehen, um eine andere Abzweigung als die eben gewählte zu nehmen. Vom Campingplatz beziehungsweise dem Naturschutzgebiet, in das wir wollen, war nämlich weit und breit nichts mehr zu sehen. Die neue Abzweigung führt uns bergauf über eine kurvenreiche Schotterpiste, was wir ja mittlerweile gewöhnt sind. Die Gegend wird immer einsamer. Irgendwann führt die Straße mitten über eine Rinderweide, einige der Kühe trotten erst dann langsam aus dem Weg, als wir kurz vor ihnen stehen. „Ob wir hier noch richtig sind?", frage ich. „Hoffen wir das Beste", ist Franks Antwort auf meine Zweifel. Nachdem wir die Kühe hinter uns gelassen haben, führt der Weg langsam bergab und wir folgen schließlich einem kleinen Flusslauf. Der Campingführer beschreibt den Zugang zur Campsite als „narrow and gravel", womit er mehr als Recht hat. Schließlich taucht am Straßenrand ein Schild mit einem Hinweis auf den gesuchten Catlins Conservation Park auf, wir sind also tatsächlich richtig – ich kann es kaum glauben. Ein paar hundert Meter weiter, und wir passieren eine kleine Holzbrücke und haben unser Ziel erreicht. Der Campingplatz besteht wieder aus einer Rasenfläche – diesmal etwas kleiner als ein Fußballfeld –, an deren Rand sich ein Toilettenhäuschen befindet und auf der außer uns noch ein anderes Wohnmobil parkt. Umgeben wird dieser DOC-Campground von einem hohen Schilfgürtel und teilweise bewaldeten Hügeln, die jetzt in ein warmes goldgelbes Licht getaucht sind. Wir klettern aus unserem Wagen und atmen erst einmal tief durch. Es ist wunderschön hier.

Unser Nachbar nickt uns aus der Entfernung zu. Frank stellt unseren Picknicktisch mit Stühlen auf und Emma bekommt schon mal ihren Abendbrei. Auch ihr scheint es hier zu gefallen. Uns gelingen ein paar

Vorfreude auf den Abendbrei

sehr schöne Fotos mit Emma, die von der Abendsonne angestrahlt wird. Das Licht ist so inspirierend, dass Frank und ich abwechselnd mit der Kamera auf die Pirsch gehen und mit in etwa den gleichen Motiven zurückkehren, die vor allem aus Wald und Hügeln bestehen, von denen das Sonnenlicht zurückgeworfen wird. Der Kiwi meldet sich aus dem nahe gelegenen Wald, mittlerweile erkennen wir seinen charakteristischen Ruf. Als Emma schläft, sitzen wir noch eine Weile draußen und lauschen den Geräuschen der Umgebung.

Als mein Kopf noch tief in den blauen Federkissen steckt, werden wir von einem ungleich unsanfteren Geräusch geweckt – ein Traktor mit Mähvorrichtung fährt doch tatsächlich frühmorgens über den Campingplatz und sorgt dafür, dass der englische Rasen auch hier am Ende der Welt seinem Namen alle Ehre macht – Wahnsinn! Ich spähe aus dem Fenster. Der Traktor fährt in weiten Kreisen um unser Wohnmobil und dreht schließlich ab, um über den Schotterweg zu verschwinden. Bald sind die Vogelstimmen wieder das einzige Geräusch, das unsere Ohren umspielt, solange, bis Emma aufwacht und lautstark ihr Frühstück verlangt.

Nach dem Frühstück brechen wir zu einer Wanderung entlang des Flusses Tawanui auf, es wird wieder eine Hin- und Rückwanderung, diesmal gibt es auch keine andere Option. Der lichte Wald ist hier von zahlreichen Moosflechten bedeckt, es gibt weniger Farne, stattdessen dominieren Silberbuchen das Bild, deren Blätter kleiner sind als die der europäischen

Abendstimmung in den Catlins

Buche und von einer grünlich-silbergrauen Färbung. Emma schläft gleich zu Beginn ein und wacht anderthalb Stunden später wieder auf, als wir zum Mittagessen anhalten. Der Weg folgt dem Fluss und der Wald ist recht licht, so dass wir immer wieder die Hügel sehen können, die sich auf der anderen Flussseite in einiger Entfernung erheben. Die Gegend hier ist von einer ruhigen Schönheit, die einen tief durchatmen lässt. Auch die Einsamkeit ist wundervoll. Während unserer Wanderung treffen wir heute keine anderen Menschen, nur ein paar Vögel und Fliegenpilze, die den Waldboden sprenkeln. Auf dem Rückweg zum Campingplatz fängt es wieder an zu regnen, aber auch dieser leichte, sprühnebelartige Nieselregen passt irgendwie gut zu der Landschaft und der Ruhe. Das Gras unter unseren Füßen scheint durch die Feuchtigkeit noch weicher und sanfter und die Landschaft wirkt verwunschen und entrückt.

Zurück im Wohnmobil machen wir uns ein paar Sandwiches und für Emma ein Gläschen. Diese Sandwiches werde ich in den kommenden Wochen noch lieben lernen. Zwei Scheiben Vollkorntoast, etwas Senf und Ketchup, eine Scheibe Cheddar und zwei Scheiben Gurken – so lautet unser Rezept für das perfekte Mittagessen, ob unterwegs oder im Camper. Nach dem Essen dösen wir vor uns hin und erst als Emma ihr Mittagsschläfchen mit einem lauten Krähen beendet, wachen auch wir wieder auf. Es ist früher Nachmittag und der Himmel ist grau. Unser Nachbar ist schon am frühen Morgen aufgebrochen und auch wir starten wieder den Motor, um die lange, gewundene Schotterpiste bergauf zu fahren.

Diesmal werden wir von einer riesigen Schafherde aufgehalten, die von links die Straße kreuzt. Die weißbraunen Hinterbacken der Schafe sehen witzig aus, wie sie vor uns hin- und herwackeln. Die Herde wird von einigen Hunden angetrieben. Einen Schäfer können wir nicht entdecken. Als die meisten Schafe bereits auf der Weide zu unserer Rechten sind, brechen noch einige Nachzügler von links ein, die in einem Affenzahn vor dem Camper davonrennen, ihre dicken Wollpakete hüpfen dabei auf und ab. Danach herrscht wieder Einsamkeit, bis wir eine halbe Stunde später auf den Highway Richtung Süden einbiegen.

Der nächste Halt ist der sogenannte Nugget Point, eine Bucht, in der die seltenen neuseeländischen Yellow-Eyed-Pinguine nisten. Hier ist von

Nachzügler mit weißbraunen Hinterbacken versperren den Weg

Einsamkeit nichts mehr zu spüren, auf dem windigen Parkplatz am Eingang der Bucht herrscht dichtes Gedränge. Es ist wirklich wahnsinnig windig und wir setzen Emma in den Mountain Buggy, den wir mit dem praktischen Sturmschutz überziehen – jetzt ist sie absolut windgeschützt. Bewaffnet mit unserer Kamera und einem Fernglas machen wir uns auf den kurzen Weg in die Beobachtungshäuschen, von denen man die Pinguine und eine große Seelöwenkolonie angeblich sehr gut sehen kann. Und hier haben wir tatsächlich Glück: Einer der Vögel hat sein Bad im Meer beendet und kommt an Land gewackelt, ungeschickt und langsam wirkt das, aber es sind rührende kleine Pinguine, die sich ausnehmen, als hätten sie eine gelbe Superheldenbrille aufgesetzt. Etwas später sehen wir noch zwei weitere Exemplare an Land watscheln, durch das Fernglas kann man sie recht gut erkennen. Weiter draußen fast am Ende der Bucht sind mit etwas Fantasie die Seelöwen zu erkennen, die sich auf großen Felsbänken ausruhen, ich hätte: „sonnen" gesagt, aber nicht bei diesem Wetter. Emma fühlt sich unter ihrem stormcover ganz wohl, lutscht an ihrem Holz-Eis und ist zufrieden. Ich würde gerne zu ihr hineinkriechen, es ist so windig und auch kalt mittlerweile, dass wir schnell wieder ins Wohnmobil zurückkehren. Nach einer wärmenden Tasse Tee setzen wir unsere Fahrt fort, um zu unserem Campingplatz für die nächste Nacht zu gelangen, ein weiterer DOC-Platz in einer Bucht, die als Surf-Hotspot ausgeschrieben ist.

Dieser Campingplatz liegt direkt am Strand der Purakaunui Bay, eine ausladende Bucht, die links und rechts von den sanften grünen Hügeln der Catlins umrahmt wird. Nebelschwaden ziehen vom Wasser hoch und bleiben an den Hügeln kleben. Der Campingplatz ist gut besucht, aber wir finden noch ein Plätzchen mit direktem Blick aufs Meer, der Wind rauscht vor unseren Fenstern und ich finde das Panorama sehr beeindruckend. Hier machen wir die erste Bekanntschaft mit den Plumpsklos der DOC-Campingplätze, die mir zuerst etwas unheimlich erscheinen, aber ekelig sind sie nicht, sie werden durchweg gut in Schuss gehalten und stinken eigentlich nie. Aber ein wenig gruselig ist der Gedanke an dieses Loch unter mir, sehr logisch finde ich folglich auch die Warnung, dass Kinder unter acht Jahren diese Toiletten nur unter Aufsicht benutzen sollen. Es gibt fließendes Wasser – kein Trinkwasser – und die Toilettenhäuschen, das war's. Um uns herum parken ungefähr zwanzig weitere

Fahrzeuge, Camper, Pkws und Jeeps mit Wohnwagen. Das auffälligste Fahrzeug ist ein großer Bus mit einem angehängten Jeep, der Bus ist lila, mit gelben Flammen bemalt und an der Seite prangt groß der Schriftzug: Blaze away. Vor dem Bus steht ein älterer Herr und raucht. Das Wetter ist nicht besonders gut, windig und immer wieder Sprühregen, also bleiben wir im Camper sitzen und kochen schließlich unser Abendessen – Reis mit Gemüse. Vor allem die Süßkartoffeln haben es mir hier angetan, sie kommen also auch mit dazu. Später, als ich noch einmal zur Toilette muss, gehe ich an dem großen Bus vorbei und grüße den wieder rauchenden alten Herrn. „Hallo", sagt er, „wo kommt ihr her?" Wir fangen an uns zu unterhalten und ich erfahre, dass der Mann Kevin heißt, mit seiner Frau unterwegs ist und der Bus, den ich eher einer Rockband zugeordnet hätte, ihr Zuhause. „Wir haben mit dem Beginn der Rente unser Haus verkauft und sind in diesen Bus gezogen, um unser Land kennen zu lernen. Viele machen das hier so. Die Renten sind nicht hoch und ein Haus zu unterhalten ist teuer, außerdem kann man so noch etwas entdekken." Ich bin beeindruckt, in Deutschland würde man die beiden für verrückt erklären. Das alte Paar kommt von der Nordinsel, war noch nicht oft im Süden und noch nie hier unten in den Catlins. Wir sind uns einig, dass sie traumhaft schön sind und unterhalten uns noch ein bisschen, dann steigt Kevin wieder in den Bus und ich zurück ins Wohnmobil. Es wird eine windige, aber milde Nacht.

Als wir aufwachen, ist der Nebel noch immer da, aber die Morgensonne hat alles in ein silbrig-weißes Licht getaucht. Riesige, glitzernde Nebelschwaden hängen tief in der Bucht und an den angrenzenden Bergen, die Last der Tautropfen in ihnen ist zu schwer, um die Hügel zu überwinden. Der Wind treibt sie vom Meer herein und beschert uns einen silbern glänzenden Morgen. Die Ebbe hat eingesetzt und der Ozean ist aus der Bucht beinahe verschwunden. Das verbliebene Wasser bildet kleine Rinnsale mit niedrigen Pfützen und tieferen Seen und alles ist in Bewegung. Abertausende kleinster Lichtpartikel scheinen in der flimmernden Luft und auf der glitzernden Wasseroberfläche einen Tanz aufzuführen.

Der ganze Campingplatz ist schon auf den Beinen. Wir frühstücken schnell und gehen auch nach draußen, packen Emma in den Buggy und bahnen uns einen Weg über den nun viel breiter gewordenen Strand.

Morgennebel in der Purakaunui Bay

Fasziniert beobachten wir das Spiel des Lichts und der Nebelschwaden, die sich in ständiger Veränderung und schneller Auflösung befinden. In den mit Schafen übersäten Hügeln bleiben sie hängen und lösen sich langsam auf, bescheren uns aber davor unbeschreibliche Formen und Augenblicke, die eine Kamera gleich welcher Art nur schwerlich festhalten kann.

Auch das alte Ehepaar aus dem Bus ist am Strand unterwegs. Kevin grüßt uns und stellt uns seiner Frau vor, einer kleinen, weißhaarigen Dame, die viel zu vornehm aussieht, um meiner Vorstellung nach in einem Bus zu wohnen. Sie heißt Stella und die beiden sind seit 46 Jahren verheiratet. Ich mache sie mit Frank und Emma bekannt, die mit ihrem strahlenden Gebrabbel gleich die ganze Aufmerksamkeit auf sich zieht. Gemeinsam gehen wir weiter über den Strand. Kevin erzählt von den Purakaunui-Wasserfällen ganz in der Nähe, die wir uns unbedingt ansehen sollen. Die beiden wollen heute auch weiter, noch etwas mehr nach Süden. Auf einmal zeigt Stella auf die Bäume, die die Bucht zu unserer Rechten säumen. „Wood-pigeon – eine Waldtaube, schaut! Ein schönes und seltenes Tier.“ Da sehen auch wir den großen grün-blau gefiederten Vogel, der in einem der Bäume sitzt und den ich für eine Art Papagei gehalten hätte. Eine ganze Weile vergeht, während wir den Vogel beobachten, der schließlich in den Wald und aus unserem Sichtfeld fliegt. Auch Stella und Kevin verabschieden sich und machen sich auf den Rückweg zu ihrem Bus. Wir sehen den beiden lange nach, wie sie Hand in Hand davon gehen, bis der silberne Nebel sie vollkommen verschluckt hat.

Kapitel 6

Fiordland und Sandflies

Nachdem es wieder angefangen hat zu regnen, und zwar ziemlich heftig, wandern wir nicht mehr zu den Purakaunui-Wasserfällen und beschließen, gleich in Richtung Fiordland zu fahren, und somit unseren Aufenthalt in den Catlins zu beenden. Eine Entscheidung, die wir im Nachhinein bereuen werden, aber zu diesem Zeitpunkt glauben wir noch, dem schlechten Wetter entfliehen zu können und wollen wohl auch einige Programmpunkte abarbeiten. Wir starten also das Wohnmobil wieder und fahren bis nach Manapouri, einem kleinen Ort am Eingang des Fiordland National Park. Hier finden sich einige der Wahrzeichen Neuseelands, zum Beispiel der Milford Sound, einer der Fjorde, die dem Nationalpark seinen Namen gegeben haben. Und durch diese Gegend führen auch ein paar der berühmtesten Great Walks, die wir mit Emma aber nicht werden machen können.

Am Nachmittag erreichen wir dann Manapouri am Lake Manapouri, wo wir auf einem total schrägen Campingplatz landen. Schräg, weil sich dort zahlreiche Hütten befinden, die auf alpines Dort getrimmt sind, beflaggt mit deutschen, österreichischen und Schweizer Nationalfahnen. Hier und da schaut ein Gamsgeweih auf uns herunter. Die ältere Dame an der Rezeption stammt ihrem Akzent nach auch auf jeden Fall aus einem dieser drei Länder, spricht aber standhaft Englisch mit uns und verkauft uns eine Tagestour zum Doubtful Sound für den nächsten Morgen. Danach schauen wir uns auf dem Campingplatz um und entdecken eine Sammlung schrulliger alter Autos vor der alpinen Kulisse. Als wir am Abend beim Kochen sind, fließt das Wasser auf einmal nicht mehr ab, und zwar weder aus Küche noch Bad – na super, das hat uns gerade noch gefehlt. Die Dame an der Rezeption empfiehlt uns eine Werkstatt in Te Anao, dem nächstgrößeren Ort in Richtung Milford Sound. Dort können wir aber erst übermorgen hinfahren, und so waschen und spülen wir an diesem Abend eben draußen.

Emma ist momentan wirklich gut drauf, trotz massiven Zahnens – abends plappert sie die ganze Zeit vor sich hin, lässt sich gerne kitzeln und hat eine unglaubliche Stuhlgangfrequenz. Man kann das kleine Vorderzähnchen mittlerweile schon recht gut sehen. Sie hat sich zu einem richtig runden kleinen Baby entwickelt – *in proper shape*, wie man hier so sagt.

Früh am nächsten Morgen packt Frank sie in die Bauchtrage und wir werden von einem kleinen Bus für unsere Tour zum Doubtful Sound abgeholt. Obgleich größer als der Milford Sound, ist dieser Fjord nicht so bekannt. Vielleicht liegt es daran, dass er schwieriger zu erreichen ist – man muss mit einem Boot über den Lake Manapouri fahren, danach geht die Strecke weiter mit dem Bus über den Wilmot Pass und erst dann beginnt der Doubtful Sound, durch den geführte Schiffstouren angeboten werden. Die Tour, die wir gebucht haben, dauert daher auch den ganzen Tag. Am Morgen regnet es und auch auf der Bootsfahrt über den Lake Manapouri ist es noch ziemlich kalt. Dann aber, als wir schon in Nähe des anderen Ufers sind, reißt die Wolkendecke in spektakulärer Weise auf. Einzelne Lichtbündel fallen durch die graue Schicht und lassen eine entrückte Stimmung entstehen. Emma gefällt das, sie lacht und strahlt alle an. Vielleicht genießt sie es auch, wieder einmal ein Publikum zu haben, das nicht nur aus ihren Eltern besteht. Es ist noch ein junges Paar aus Schweden dabei, die auch mit einem kleinen Kind in Emmas Alter reisen. Sie sind allerdings nur für drei Wochen in Neuseeland, danach fliegen sie nach Singapur, wo sie im nächsten Jahr wohnen werden, da sie dort beruflich zu tun haben.

Die Landschaft hier ist mit ihren schroffen Hügeln rund um den See sehr eindrucksvoll und wird bei der Fahrt über den Wilmot Pass noch imposanter. Links und rechts von uns säumen steile bewaldete Berge die schmale und wie immer kurvenreiche Straße, die sich über den Pass schlängelt. Ursprünglich wurde die Passtrasse als Versorgungsweg für die Mitarbeiter eines Kraftwerks am Lake Manapouri angelegt, heute wird sie hauptsächlich für touristische Zwecke genutzt. Wir befinden uns inmitten eines Naturschutzgebietes, das Teil des Fiordland National Park ist. Kleine und größere Wasserfälle säumen die Hügel, die mit Südbuchen und Farnbäumen bewachsen sind. Wir sind im Regenwald. An einem Aussichtsplateau hält unser Bus und es eröffnet sich ein atemberaubender Blick auf den unter und vor uns liegenden Doubtful Sound.

Doubtful Sound

Bald darauf tragen wir die schlafende Emma an Bord unseres Tourschiffes, die Sonne scheint jetzt und der Guide garantiert uns einige amazing sights. Er hat nicht zuviel versprochen. Die Tour geht vom Eingang des Fjords bis hinaus aufs offene Meer – wo wir allerdings wegen des starken Wellengangs schnell wieder wenden – und dann zurück in schmale Seitenarme des Fjords, in denen spiegelglattes Wasser die umgebenden Berge noch mächtiger erscheinen lässt. Einmal drosselt der Kapitän die Motoren und schaltet sie schließlich ganz ab. „Wir wollen jetzt für ein paar Minuten die absolute Stille hier genießen", sagt unser Tourleiter und bittet alle, auf Deck zu kommen, um den Geräuschen der Natur zu lauschen. Was dann folgt, ist eine wundervolle Ruhe, in der es uns möglich ist, die Vogelstimmen aus dem nahe gelegenen Wald zu hören, und die durch nichts gestört wird, bis ein Franzose anfängt, sich laut mit seinem Nachbarn zu unterhalten. Naja, vielleicht versteht er kein Englisch … Aber Emma hat mitgespielt und sich ganz andächtig umgeschaut.

Später entdecken wir drei Delfine, auch wieder eine seltene Art, die nur hier in den Fjordgebieten vorkommt. Sie schwimmen in einiger Entfernung vor dem Boot her.

Der Guide erklärt uns, dass es viele kleine Inseln innerhalb der Fjorde gibt, auf denen Wiederauswilderungsprojekte des Department of Conservation durchgeführt werden. Auf diesen Inseln werden bzw. wurden alle nicht einheimischen Tiere entfernt und seltene, bedrohte Arten verstärkt ausgewildert. So soll nach und nach der ursprüngliche Zustand von Flora und Fauna wiederhergestellt werden.

Es ist wirklich eine sehr schöne Tour, obgleich ich das zu Anfang bezweifelt hatte angesichts der Größe des Bootes und der Anzahl der Teilnehmer. Wir unterhalten uns mit dem jungen Paar aus Schweden, mit deren kleiner Tochter Emma auf dem Boden sitzt und um die Wette zahnt. Die beiden Kleinen lachen sich schief und krumm übereinander. Zwischendurch bekommt Emma ihr Mittagsmahl aus dem Glas, das uns freundlich wie immer aufgewärmt wird. Leider wird mir hier unten übel – Frank auch – und so gehen wir immer wieder abwechselnd an Deck, wo es ganz schön kalt, aber frisch und sonnig ist. Ganz vorne auf dem Aussichtsdeck liegt ein junger Mann, der von Kopf bis Fuß in wahnsinnig funktionale, wind- und wasserabweisende Kleidung eingehüllt ist. Seine Freundin – fast ebenso funktional eingekleidet – macht unzählige Fotos von ihm. Dann legt sie sich neben ihn und lässt sich auch vom Wind durchblasen. Später höre ich, wie die beiden sich unterhalten. Natürlich sind es Deutsche.

Als wir am Abend zurück auf den Campingplatz kommen, sind wir erschöpft von der frischen Luft und haben das Gefühl, sehr lange sehr weit weg gewesen zu sein. Aber die Realität wartet schon in Gestalt des verstopften Abflusses auf uns, also heißt es wieder, das Geschirr in eine Schüssel zu packen und draußen mit kaltem Wasser abzuspülen. Am Morgen darauf brechen wir auf nach Te Anao zur Werkstatt, danach wollen wir weiter zum Milford Sound. Zu unserer Verblüffung kennt der Mechaniker in Te Anao das Verstopfungsproblem unseres Wagentyps. Geübt bohrt er zwei kleine Löcher in das Abflussrohr und erklärt, das sei ein klassisches Belüftungsproblem bei Campern von Mitsubishi. Er will auch kein Geld dafür. Wir bitten den Mechaniker noch bei einem weiteren Problem um Rat, aber dabei kann er uns nicht helfen: Seit wir in Manapouri sind, ist der üble Geruch im Camper wieder stärker geworden. Der Handwerker kann uns hier aber auch nur empfehlen, gut zu lüften und zu putzen. An ein totes Tier, das in einer Ecke vor sich hin modert, glaubt er eher nicht. Nun ja, aber die Hauptsache ist, der Abfluss funktioniert wieder und so

Ein schöner Moment zwischen Doubtful- und Milford Sound

fahren wir weiter in Richtung Milford Sound. Und was macht Emma? Schläft wieder friedlich und wohl noch erschöpft vom Vortag den größten Teil der Strecke.

Wir haben für heute Nacht wieder einen DOC-Campingplatz anvisiert, der auf halber Strecke nach Milford Sound liegt. Die Landschaft wird jetzt immer majestätischer, dominiert von monumentalen Bergen und Gletschern, davor erstrecken sich weite, prärieartige Wiesen. Auch der Campingplatz am Cascade Creek liegt inmitten dieser eindrucksvollen Berglandschaft in einem kleinen Wald aus Rotbuchen. Und hier machen wir erste Bekanntschaft mit den berühmt-berüchtigten Sandflies. Sie sind da, sobald wir den Camper verlassen, sehen aus wie kleine Stubenfliegen und können die übelsten Stiche verursachen. Die ganze Westküste ist voll davon und man kann ihnen schlecht entkommen, da sie zu allem Überfluss auch noch tagsüber aktiv sind. Kaum sind sie weg, kommen abends dann die Moskitos aus ihren Löchern. Ab sofort werden wir uns immer einsprühen, wenigstens scheinen auch die nicht ganz giftigen – natürlichen – Sprays und Cremes einigermaßen zu wirken. Bei Emma behandeln wir meist die Kleider, die Bauchtrage oder den Buggy. Aber am ersten, noch ungeübten Tag kassieren Frank und ich gleich einige fiese Stiche, die sich später auch teilweise entzünden.

Trotz der Sandflies brechen wir am frühen Nachmittag auf, um eine kleine Wanderung durch den Wald zu machen. Es ist empfindlich kalt hier, auch tagsüber. Emma schläft nach einem Mango-Bananen-Dessert in der Bauchtrage schnell wieder ein und Frank und ich gehen fasziniert durch einen verwunschenen, mit zahlreichen Moosen und Flechten überwucherten Wald, der wieder so ganz anders ist als der üppige Regenwald an den Ufern des Doubtful Sound. Ein kleiner Vogel sitzt vor uns auf dem Weg und scheint sich auch nicht besonders um uns zu kümmern, als wir ihn im Näherkommen fotografieren. Er sieht ein bisschen aus wie eine europäische Amsel. Vielleicht ist es ein Jungvogel, der noch nicht richtig fliegen kann und auf seine Eltern wartet, daher ziehen wir es vor, schnell weiter zu gehen. Nach einer Weile erreichen wir einen klaren See, in dessen stillem Wasser sich die massiven Berge der Umgebung spiegeln. Das goldene Licht der Nachmittagssonne zaubert eine ruhige und feierliche Stimmung in das Tal. Zurück auf dem Campingplatz ist es dann aber so kalt und windig, dass wir trotz des schönen Nachmittagslichtes schnell in unser Wohnmobil klettern und einen Tee kochen. Hier drinnen ist es jetzt herrlich gemütlich und die großartige Landschaft um uns inspiriert mich dazu, einige Tagebucheinträge nachzuholen. Emma ist auch zufrieden, sie spielt mit ihrem neuen Buch und der Fernbedienung des Fernsehers aus Berlin, die wir mitgenommen haben – pädagogisch nicht sinnvoll, aber ihr liebstes Spielzeug, abgesehen von unseren Handys.

Noch wissen wir nicht, dass uns eine eisige Nacht bevorsteht. Schon am Abend kriecht eine unangenehme Kälte durch die Fenster. Ich bin zugegebenermaßen ein erklärter Freund von Wärme und Behaglichkeit, aber bisher habe ich es an den Abenden im Wohnmobil mit einer Fleecejacke unter der blauen Bettdecke ganz gut ausgehalten. Heute ist das nicht so. Ich ziehe mir noch eine zweite Jacke an und überlege sogar, eine Mütze aufzusetzen, wenn ich mit dem Kopf am Fenster im Bett liege und lese. Sogar Frank fröstelt. Ich mache mir auch Sorgen um Emma, die oben auf dem Alkoven schläft, allerdings haben wir ihr eine Mütze aufgezogen und einen Pullover unter den Schlafsack. Und sie liegt auf ihrem wärmenden Schaffell. Später werden wir sie ohnehin herunterholen. Es gibt zwar eine Heizung im Wohnmobil, aber die ist unheimlich laut und ineffektiv. Trotzdem versuchen wir damit manchmal am Morgen, etwas Wärme in den Camper zu bekommen. Als zuverlässiger erweist sich der Backofen auf maximaler Stufe, auch eine Kombination aus beidem ist nicht schlecht. Frank ist normalerweise wirklich kälteresistent, und wenn sogar er morgens anfängt zu heizen, dann muss es schon wirklich kalt sein.

In dieser ersten richtig kalten Nacht wacht Emma gefühlt noch öfter auf als sonst und das Stillen ist dann auch keine angenehme Sache. Meist mache ich es so, dass ich sie auf ihrem Schaffell von meiner linken auf die rechte Seite ziehe und umgekehrt, bevor wir beide weiterschlafen bis zum nächsten Hunger. In dieser Nacht zweifle ich wieder sehr an meiner Entscheidung, im Spätsommer hierher zu kommen und vermisse unsere Berliner Wohnung mit dem Schwedenofen, der uns jetzt wunderbar wärmen würde. Wir hätten einen oder zwei Monate früher fliegen sollen, aber zu dieser Zeit konnte Frank keine Elternzeit nehmen. Ich stelle fest, dass ich nicht die geborene Outdoor-Praktikerin bin, und vielleicht bin ich auch nicht die leidenschaftlichste Wohnmobilreisende. Aber immerhin habe ich die Fähigkeit, jederzeit schnell ein- beziehungsweise weiterzuschlafen, und so geht auch diese Nacht irgendwie vorüber.

Milford Sound – Postkartenmotiv

Umso mehr genießen wir die wärmende Morgensonne, die ein paar Stunden später in den Camper strahlt. Doch die Kälte steckt uns noch in den Gliedern, vielmehr, steckt Frank und mir noch in den Gliedern, ich glaube, Emma macht sich nicht viel daraus, sie hat ja auch eine ordentliche Speckschicht, die sie schützt. Nach einem schnellen Frühstück brechen wir auf zum Milford Sound. Die Strecke ist überwältigend schön, vor allem, nachdem wir einen langen Tunnel passiert haben: Danach schlängelt sich die Landstraße in steilen Kurven bergab, während links und rechts hohe Berge aufragen, auf denen das Gletschereis glitzert. Am Milford Sound angekommen, sehen wir in der Bucht vor uns schon das bekannte Postkartenmotiv, den markanten, pyramidenförmigen Berg, der sich über dem stillen, dunklen Wasser erhebt. Doch die Idylle trügt, wie wir feststellen, als wir den Camper verlassen. Sofort sind wir von Myriaden von Sandflies umringt, die uns trotz Mückenschutz attackieren. Vor allem ist Stehenbleiben ganz falsch. Schnell laufen wir mit Emma auf Franks Arm ins Visitor Center und erkundigen uns nach Touren. Während uns der junge Mann am Schalter von Milford Cruises die verschiedenen kurzen und sehr teuren Touren vorstellt, zieht sich der Himmel draußen zu. Es ist ohnehin schon drückend schwül und jetzt

Wanderung am Cascade Creek

tauchen dunkle, tiefhängende Regenwolken auf. Frank und ich schauen uns an: Vielleicht muss eine durch den Milford Sound gar nicht sein. Von einigen Leuten haben wir auch schon gehört, dass die Doubtful Sound-Tour die bei Weitem bessere ist, zumindest dann, wenn man nur einen Tagesausflug machen und nicht längere Zeit auf einem Boot verbringen möchte.. Hier werden zwei- bis dreistündige Rundfahrten angeboten, aber irgendwie ist uns die Lust darauf vergangen. Wir essen noch ein paar meatpies in der Cafeteria und Emma bekommt ein Mittagsgläschen, dann gehen wir etwas spazieren und beschließen, den Fjord zu verlassen und uns wieder nach Te Anao aufzumachen. Leider ist Milford Sound eine Sackgasse und man muss die ganze Strecke zurück fahren, um in eine andere Richtung zu gelangen. Aber ich bereue den Abstecher nicht. Die Landschaft auf dem Weg hierher ist wirklich einzigartig, und auch der Campingplatz am Cascade Creek war wunderschön.

Da wir in Te Anao keinen ansprechenden Campingplatz finden und das Fahren heute irgendwie Spaß macht, beschließen wir, eine Pause einzulegen und uns dann auf den Weg Richtung Norden bis nach Queenstown zu machen. Von dort aus soll es weiter zur Westcoast gehen. Doch zunächst steuert Frank den Camper auf einen Parkplatz am See in Te Anao, nachdem wir zuvor im Supermarkt noch unsere Vorräte aufgestockt haben. Es ist früher Nachmittag und Emma ist gerade aufgewacht. Frank hantiert an der Dump Station herum und ich spiele mit Emma auf dem großen Bett. Es ist jetzt so angenehm warm im Wohnmobil, dass ich sie ausziehe und das Waschbecken mit warmem Wasser fülle. Emma nimmt ein Bad. Noch ist sie so klein, dass das im Waschbecken prima geht und sie viel Spaß daran hat. Zum Thema Waschen und Duschen sei noch gesagt, dass die Dusche in unserem kleinen Toilettenbad ganz wunderbar funktioniert, nur wenn wir mehrere Tage nicht an eine Dump Station kommen, verzichten wir nach Möglichkeit darauf. Aber hier und heute gönnen wir uns alle drei nacheinander ein volles Körperpflegeprogramm und wechseln danach gleich noch einmal das Wasser.

Wir bleiben bis zum frühen Abend und fahren dann in die Nacht hinein Richtung Queenstown. Diese Nachtfahrt wird uns allerdings lehren, dass das nicht unser Ding ist. Emma quengelt und will nicht schlafen und es ist erstaunlicherweise sehr voll auf den Straßen, vor allem kurz bevor wir Queenstown gegen elf Uhr abends erreichen. Eigentlich hatten wir geplant, uns einfach irgendwo an einen Bürgersteig zu stellen, aber an jeder Straße wird groß darauf hingewiesen, dass Camper hier über Nacht nichts verloren haben. Also suchen wir nach dem nächstliegenden DOC-Campingplatz und fahren noch einmal aus der Stadt heraus. Der Weg ist finster und wieder einmal geht es lange über eine gewundene Schotterpiste. Es herrscht eine derartige Dunkelheit, dass wir nicht erahnen können, wie es rechts und links von uns aussieht. Mir ist ein bisschen mulmig zumute und ich bin mir sicher, dass ich nie wieder bei Nacht ins Nirgendwo fahren möchte. Nach einer gefühlten Ewigkeit können wir einige kleine Lichter ausmachen, der Campingplatz liegt endlich vor uns. Dabei handelt es sich wieder um einen der Basic-Campgrounds, wo wir den Camper irgendwo auf einer Wiese mit etwas Abstand zu den anderen Fahrzeugen abstellen. Es kostet Frank einige Mühe, das Wohnmobil so zu parken, dass wir nicht schräg stehen, der Untergrund scheint recht uneben zu sein. Vor einer halben Stunde ist Emma im Maxi Cosi eingeschlafen. Wir holen sie zu uns ins Bett, was sie gar nicht bemerkt. Gott sei Dank ist es eine milde Nacht.

Kapitel 7

Von Queenstown zur Westcoast

Mir entfährt ein überraschtes „Wow!“, als ich am nächsten Morgen die Vorhänge im Wohnmobil zur Seite ziehe. Was für eine Wahnsinnslandschaft! Wir befinden uns an einem kleinen See, der von baumlosen, wie mit Samt bezogenen Bergen umrahmt wird. Die vorherrschenden Farben changieren von Grün über Gelb zu Braun, die ganze Gegend sieht aus, als hätte sie einen langen und heißen Sommer hinter sich. Die Hügel wirken irgendwie schutzlos, so fast ohne Bäume, ganz anders als die von dichtem Regenwald bewachsenen Berge des Fiordland. Hier sind wir in einer Ecke Neuseelands, in der zur kalten Jahreszeit viel Schnee fällt und die als Wintersportgebiet sehr beliebt ist. Es scheint mir immer noch faszinierend, wie schnell die Klimazonen sich verändern und wie anders, aber nicht minder schön, es nun hier am Moke Lake ist. Mit einem kleinen Schrecken geht uns auf, dass wir am Abend zuvor eine ganze Weile sehr nahe am See entlang gefahren sind, dessen Ufer neben der schmalen Schotterstraße steil abfällt. Spontan beschließen wir, einen Tag hier zu bleiben und die Gegend zu erkunden.

Offensichtlich gibt es eine Rundwanderung, die mit drei Stunden ausgeschildert ist – perfekt für uns. Der Weg führt durch einen kleinen Wald mit sanften Steigungen rund um den See und durch das weitläufige Tal. Emma schläft dieses Mal nicht die ganze Zeit, sondern quäkt immer wieder aus der Bauchtrage heraus. Sie ist zum Quatschmachen aufgelegt. Besonders gut findet sie es, wenn ich sie von hinten erschrecke. Es hat sich jetzt irgendwie eingebürgert, dass Frank sie trägt –was mir nicht unbedingt unrecht ist –, denn sobald ich sie in die Bauchtrage stecke, fängt sie lauthals an zu schreien. Es ist ein sonniger Tag, nicht zu warm oder zu kalt, und wir haben am Vortag frisches Obst, Gemüse und Lammsteaks gekauft. Am Abend gibt es vor der pittoresken Kulisse also Steaks mit Kartoffeln und grünen Bohnen, und dazu frischen Salat. Die Salate sind hier übrigens sehr lecker, öfter als zuhause greife ich zu fertig gemischten Pflücksalaten, darunter sind viele Sorten, die ich nicht kenne.

Moke Lake mit Rundwanderweg

Die Gegend hier gefällt uns wirklich gut, sie findet im Reiseführer kaum Erwähnung und scheint eher von Einheimischen frequentiert zu werden. Ein schöner Tag, mit dem wir so nicht gerechnet haben, und dank des bedeckten Himmels wird es eine laue Nacht.

Am darauf folgenden Tag lenkt Frank den Camper wieder durch die Straßen von Queenstown, weil wir uns hier noch mal auf die Suche nach einem Objektiv begeben wollen. In einem kleinen Fotogeschäft treffen wir auf einen sehr sportlichen jungen Verkäufer, der von den Qualitäten einer wide lense schwärmt. Dabei breitet er seine durchtrainierten Arme aus und betont das wide immer wieder: „You guys really need a waaaiiiiiiid lense." Aber das Weitwinkelobjektiv ist uns viel zu teuer und ein zweites automatisches Objektiv ebenso. Also werden wir auch für den Rest der Strecke mit unserem 55-Milimeter-Objektiv vorlieb nehmen. Wir verabschieden uns und verlassen schnell das Geschäft. Puuh, manche Leute sind doch recht anstrengend.

Wir suchen daraufhin erst einmal ein Restaurant zum Lunch und lassen uns direkt am Seeufer nieder. Hier probiere ich die berühmten neuseeländischen Grünlippmuscheln, die in einer cremigen Sauce serviert werden. Dazu gibt es French Fries und für Frank einen Burger. Die Muscheln sind lecker und das Panorama am See wieder sehr beeindrukkend. Ansonsten sind wir für Queenstown ungefähr fünfzehn Jahre zu alt. Hier treffen sich enorm viele jugendliche Backpacker, denn der Ort ist auch die Hauptstadt des Extremsports, an jeder Ecke finden wir Werbung für Sportarten wie Bungee Jumping, Heli Hiking, Blackwater Rafting und weitere für mich neue und unbekannte Betätigungen nach dem Höher-Schneller-Weiter-Prinzip.

Wir sind froh, als wir die Stadt in Richtung Lake Wanaka wieder verlassen. Der Lake Wanaka ist ein großer Binnensee zwischen Queenstown und dem Haast Pass, der den Zugang zur Westküste darstellt. Der See liegt inmitten einer schroffen Berglandschaft und imponiert durch seine wilde Weite, vor allem an einem windigen Tag wie heute, als wir den Camper auf einem DOC-Platz am Ufer abstellen. Zuvor waren wir in einem kleinen Laden an der Strecke einkaufen, in dem es haufenweise Süßigkeiten der eher salzigen Art gab – nämlich Lakritze. Warum auch immer, die Kasse war rundum zugestellt damit. Ein Fest für Frank, der großer Fan salziger Lakritze ist, diesen Tag kann ihm keiner mehr verderben.

Der Campingplatz am Lake Wanaka gehört wieder zu der ganz einfachen Sorte. Außer uns sind noch drei weitere Wohnmobile und eine Familie mit Zelt da. Uns gegenüber steht ein kleiner Camper, vor dem ein Paar in den Sechzigern sitzt. Wie sich herausstellt, kommen die beiden aus den Niederlanden. Theo und Josyn heißen sie und sie sind bereits seit sechs Jahren dabei, die Welt zu bereisen, oder besser: zu umsegeln. „Als wir beide auf einmal in Rente waren, haben wir uns überlegt, was wir schon immer einmal machen wollten, und so kamen wir auf die Idee, ein Segelboot zu kaufen und auf Weltreise zu gehen. Mittlerweile sind wir mit Unterbrechungen schon seit sechs Jahren auf der ganzen Welt unterwegs", erzählt Theo. Auch Neuseeland ist so eine Zwischenstation. Das Land hatte es den beiden angetan und sie wollten es auch einmal „von innen" bereisen. Daher verankerten sie das Segelboot in Auckland und nahmen sich ein halbes Jahr Zeit, um die Grüne Insel zu erkunden. „Das Leben im Wohnmobil gefällt uns, es ähnelt dem auf einem Segelboot. Man ist räumlich genauso beschränkt, was das Mitnahmevolumen angeht, und es ist genauso gemütlich.“ Frank und ich kommen ins Überlegen, ob das auch eine Altersruheoption für uns sein könnte. Allerdings müssten wir das mit dem Segeln erst einmal ausprobieren.

Am Lake Wanaka wird es allmählich kälter. Ein starker Wind kommt auf und treibt uns zurück ins Wohnmobil. Vorher gehen wir noch einmal ans Ufer. Seltsamerweise überkommt mich hier an diesem Abend am sturmgepeitschten See erstmals das Gefühl, mit diesem Land verbunden zu sein. Die wilde Bergkulisse mit der aufgewühlten Wasserfläche davor ist so schön, dass ich einfach nur am Ufer stehe und das Erhabene der Landschaft auf mich wirken lasse.

Emma findet anderes interessant. Ich habe sie auf dem Arm, während sie die Kinder der Familie mit dem Zelt anlacht, Hamburger, wie sich herausstellt, die mit dem Fahrrad unterwegs sind, und das schon seit acht Monaten. Ihre Kinder, ein Mädchen und ein Junge von drei und fünf Jahren, transportieren sie dabei wahlweise auf einem Kindersitz und einem Fahrradanhänger, der auch einen Großteil des Gepäcks enthält. Den Kindern scheint das Reisen auf diese Weise zu gefallen, sie sind beide braungebrannt, wirken entspannt und rennen noch lange auf dem Campingplatz herum.

Am nächsten Morgen fahren wir unter einem wolkenverhangenen Himmel über den Haast Pass bis an die Westküste zum Lake Paringa, an dem ein weiterer DOC-Campingplatz liegt.

Auf der Strecke machen wir drei kurze Wanderungen, allerdings sind die Wege so ordentlich präpariert, dass es nicht besonders viel Spaß macht. Einmal wandern wir vor einem australischen Rentnerpaar und wir kommen ins Gespräch, weil Emma über Franks Schulter nach hinten feixt und die blondgelockte füllige Dame mit ihr schäkert. „Gorgious baby“, findet die alte Australierin. In Deutschland war sie auch schon, natürlich in Heidelberg und auf dem Oktoberfest und witzigerweise auch in Esslingen am Neckar, in der Gegend, aus der ich stamme. Ihre Tochter lebt dort mit ihrem Mann, einem Deutschen. Esslingen findet die Dame einfach bezaubernd, überhaupt hat es ihr das Neckartal angetan, und mit dem Stolz der gebürtigen Schwäbin kann ich ihr nur beipflichten. Zurück auf dem Parkplatz trinken wir eine Tasse Tee mit den beiden Rentnern, bevor wir uns alle wieder auf in unsere Wohnmobile und den Weg an

An der Westcoast bei Haast – Wo es sich zu stoppen lohnt

die Westcoast machen. Der Haast Pass, benannt nach seinem Erforscher Julius von Haast, schlängelt sich steil den Berg hinauf und hinunter. Danach wird das Land flacher und bald steuern wir auf das Visitor Center in Haast Village zu, wo wir eine Pause einlegen und die Dump Station nutzen. Hier ist es um einige Grad wärmer und feuchter als in den Bergen und unsere alten Freunde, die Sandflies, sind wieder aktiv.

Später fahren wir die Küstenstraße entlang Richtung Fox Glacier. Starke Winde haben die niedrigen Bäume zu unserer Rechten gebeugt, ihr Wuchs geht in einem steilen Winkel landeinwärts, was kurios aussieht und wieder einmal die Stärke der Natur demonstriert. Überhaupt die Natur: Links von uns zieht sich das Land flach bis zum nahen Meer, aber rechts ragen die südlichen Alpen mit ihren imposanten Hügelketten und Gletschern in unmittelbarer Nähe steil in den Himmel. Hier kann man sich mit einem Helikopter auf einem Gletscher absetzen lassen, dann mit den Skiern ins Tal fahren und im Regenwald landen, um dann auf's Surfbrett am Strand zu wechseln. Das ist es, was die Region hier so einzigartig macht, denn die Gletscher an sich, so stellen wir schnell fest, sind nicht sehr aufregend.

Als wir am nächsten Tag zum Fox Glacier marschieren, dessen schmutziggraue Zunge im Tal mündet, faszinieren uns vor allem die Schilder, die die ursprünglichen Ausmaße des Gletschers und dessen massiven Schwund in den letzten Jahrzehnten dokumentieren. Hier sind wieder Heerscharen von Touristen unterwegs, die sich mit uns gemeinsam den Weg bis zum Schneefeld entlang schlängeln. Vom Gletscher strahlt uns Kälte entgegen, wir haben uns daher auch mehrere Schichten angezogen, Emma in ihren lila Winteranzug gesteckt und noch eine Decke über die Bauchtrage gehängt. Derart gewärmt, schläft sie sofort ein. Neben dem Fox Glacier ist der nicht ganz so leicht zugängliche Franz-Josef-Glacier der bekannteste der hiesigen Eisgiganten. Julius von Haast hatte den Gletscher nach dem österreichischen Kaiser benannt. Ich bekomme Lust auf einen Kaiserschmarrn, als wir in Franz Josef Village eintreffen.

Wir essen stattdessen Waffeln in einem kleinen Lokal, bevor wir den Camper auf einem sehr großen camping ground abstellen, zu dem auch ein Hostel gehört. Es ist der einzige Campingplatz in der Gegend und wir müssen dringend Wäsche waschen und die Batterien aufladen. Und genau damit verbringen wir den Rest des regnerischen Nachmittags, der ein wenig auf unsere Stimmung drückt. Wir fühlen uns gehetzt und haben zu viel in zu kurzer Zeit gesehen, so dass wir uns nicht in der Lage sehen, unsere Tour in derselben Geschwindigkeit wie bisher fortzusetzen. Weshalb sollten wir auch? Wir wollen diese Reise doch genießen. Wir beschließen daher, uns an Orten, die uns gut gefallen, mehr Zeit zu lassen und dafür unsere Route auf der Nordinsel abzukürzen. Nach diesem Entschluss geht es uns besser, auch Emma, die den ganzen Nachmittag über quengelig war, scheint das zu spüren und lacht wieder.

Franz Josef Village ist der Ausgangspunkt für Touren in die Gletscherregion und wird vor allem von Backpackern bevölkert. Der Hotspot der Westküste kann mich nicht sonderlich faszinieren, ich will weder auf noch unter den Gletschern herumkraxeln und auch nicht mit dem Hubschrauber darauf landen. Am nächsten Morgen kaufen wir an der Tankstelle noch zwei meatpies und fahren weiter Richtung Norden bis Punakaiki, wo die berühmten Pancake Rocks stehen. Auf der Fahrt dorthin machen wir Halt im Städtchen Hokitika und kaufen anlässlich des St. Patrick Day grüne Scones, die sehr lecker sind. Meine Gedanken schweifen ab zu meinem letzten denkwürdigen Besuch hier fünf Jahre zuvor …

Kapitel 8

Jadespaß in Hokitika

... Gott sei Dank habe ich Wein gekauft. Im Laufe dieses Abends trinke ich die ganze Flasche und wundere mich darüber, wie Johanna das ohne Alkohol ertragen kann. Anne immerhin verschwindet immer wieder im Garten, um noch einen Joint zu rauchen, woran ich mich zweimal beteilige. Wir sitzen bereits seit Stunden an Gordons großem Tisch und polieren unsere kleinen grünen Schmuckstücke aus Jade, die wir selbst entworfen haben im Rahmen unseres „Jade experience" in Hokitika.

Hokitika ist eine kleine Stadt auf der Südinsel von Neuseeland, in der sich alles um Jade dreht. Zu Dutzenden halten dort die durchfahrenden Touristenbusse vor den „Jade-Factories", deren Mitarbeiter darauf bedacht sind, möglichst viele der schönen grünen Steine an die Besucher zu verkaufen, die durchaus bereit sind, für die hochwertige neuseeländische Jade Geld auszugeben. Immerhin bekommt man den Jadeschmuck dort wesentlich günstiger als anderswo, abgesehen vielleicht von Südostasien. Wer als Backpacker mit begrenztem Budget reist und den Drang hat, so viel Ungewöhnliches wie möglich unterwegs zu erleben, dem eröffnet sich in Hokitika die Möglichkeit für ein „Jade experience".

In einer Straße am Meer mit Blick auf die südlichen Alpen – auf der erstaunlich viele alte VW-Käfer vorbei brausen – befindet sich ein kleines Hostel, betrieben von dem Jadekünstler Gordon, der seinen Gästen die Möglichkeit bietet, ihre eigenen Schmuckstücke zu entwerfen und zu fabrizieren. Ich bin mit Johanna aus Amsterdam und Anne aus Dublin unterwegs, die von diesem Hostel gehört haben und unbedingt Jadeschmuck herstellen wollen. Da ich so gut wie keinen Schmuck trage, bin ich mir nicht sicher, ob mich die Aussicht auf Schmuckproduktion so sehr reizt, aber schließlich ist das Hostel recht günstig und das „Jade experience" kein Muss. Hinter dem landestypischen Holzhaus befindet sich ein Garten sowie die Werkstatt und ein direkter Zugang zum Strand. Der Künstler – Gordon – ist ein redseliger Mittvierziger mit Halbglatze und rosigen Backen, der sehr darauf bedacht ist, dass man die Schuhe auszieht, bevor man eintritt – und er ist völlig irre. Aber das stellen wir erst im Laufe des Abends fest …

An einem großen Tisch zeigt er uns zunächst einige seiner schönsten Jadestücke und einen Katalog mit Fotos, auf denen jede Menge junger Menschen strahlend ihren selbst produzierten Schmuck präsentieren. Selbst produziert – das heißt in diesem Fall, dass der Entwurf vom jeweiligen Gast stammt, der dann von Gordon aus großen Jadeplatten herausgeschnitten wird und wiederum von den Gästen stundenlang zu polieren ist. Das Schneiden selbst sei zu gefährlich, so Gordon. Nach ungefähr einer Stunde Katalog- und Jadebetrachtung bin ich überzeugt, mit so einem Schmuckstück aus Jade meine Lieben daheim ganz besonders erfreuen zu können, und beschließe wie im Wahn, gleich zwei zu machen und noch drei zu kaufen. Ich entscheide mich dafür, zwei Anhänger in Tropfenform zu entwerfen. Wir wollen am nächsten Morgen früh weiter und sind uns nicht sicher, ob die Zeit reichen wird, aber Gordon meint zuversichtlich, dass wir die Schmuckstücke an diesem Tag oder besser gesagt in dieser Nacht fertig bekommen werden. Er sitze mit seinen Gästen oft bis in die frühen Morgenstunden da und bevor nicht alles zu seiner Zufriedenheit poliert sei, gehe auch keiner ins Bett. Und das ist wörtlich zu nehmen, das erfahren wir später. Nachdem wir unsere Schmuckstücke skizziert haben, nimmt uns Gordon mit in seine Werkstatt, in der die gräuliche Rohjade aus großen Blöcken in schmalen, zentimeterdicken Scheiben abgeteilt wird, und aus diesen Scheiben schneidet Gordon dann unsere Schmuckstücke heraus. Der Schleifstein, an dem er anschließend die Ecken in Form bringt, wird mit Wasser gespeist, das sich in einem Behälter darunter sammelt, gemischt mit unzähligen kleinen Jadepartikeln. Gordon taucht einen Becher in den Behälter und zeigte uns seinen Jade-Mist, prostet uns zu und leert den gesamten Becher in einem Zug aus. „Gut für die Liebe“, sagt er und ab diesem Moment ist er nicht mehr aufzuhalten und redet den Rest des Abends vornehmlich über Sex – seinen, den seiner Gäste, den der Busfahrer, die die Backpacker transportieren, und den seines Hundes Dolores. Er erzählt uns, dass er überall auf der Welt wiedererkannt wird von Menschen, die bei ihm schon einmal ein „Jade experience“ gemacht haben, und im Nachhinein ist mir klar, dass man das nicht so schnell vergisst.

Wir gehen mit unseren „rohen“ Schmuckstücken zurück ins Haus und nehmen an seinen großen Esstisch Platz, an dem bereits eine Japanerin sitzt und Patience legt. Wir bekommen jede eine kleine Schüssel mit Wasser und sechs verschieden starke Blättchen Schleifpapier und Gordon erklärt uns, wie und wie lange wir jeweils zu schleifen haben. Nach jedem Schleifgang präsentieren wir ihm das Schmuckstück und bekommen entweder das Okay, mit dem nächsten zu beginnen, oder ein „faster and harder, girls“ zu hören. Zwischendurch kochen wir uns in Gordons Küche Steaks mit Süßkartoffeln und ich öffne eine Flasche Wein, während Anne zum Bier greift und Johanna abstinent bleibt. Dabei hören wir einen Radiosender, der in zweistündigem Abstand sein Programm mit nicht mehr ganz aktueller Popmusik wiederholt. Gordon selbst ist mittlerweile dazu übergegangen, die Japanerin, die kein „Jade experience“ machen will, dazu zu überreden, doch eines zu machen. Er ist in zweiter Ehe mit einer Japanerin verheiratet, und so kann er ein wenig japanisch, trotzdem sind seine Versuche nicht von Erfolg gekrönt, denn Notomi will einfach nur übernachten und stellt sich ein bisschen unverständiger als sie ist.

Während er uns zwischendurch immer wieder mit „faster girls, come on“ anspornt, bekommen wir bereits wunde Finger von dem Wasser und dem Schleifpapier, und es wird immer später, und Gordon, der ja „nie mehr als drei Stunden pro

Nacht" schläft, wird immer aufgekratzter. Wir vermuten, dass er jedes Mal, wenn er kurz in seiner Werkstatt verschwindet, einen Becher Jade-Mist trinkt, der nicht nur „für die Liebe", sondern ganz allgemein für so ziemlich alles gut ist, wie wir jetzt wissen – aber vor allem für die Liebe. „Und da kann mir keiner etwas vormachen, mein Motor läuft", sagt er und zeigt auf seinen Hosenschlitz. Passend hierzu auch die Radiomeldung, die zwischen der Nachricht über neue Bombenattentate im Irak und aktueller Tagespolitik aus Neuseeland gesendet wird: In Deutschland – so der Nachrichtensprecher – bekämen Sozialhilfeempfänger seit neuestem in Bordellen und bei den meisten Prostituierten bis zu 20 Prozent Rabatt. „Ein Hoch auf Hartz IV", denke ich, trinke Wein und frage mich, ob an dieser Meldung irgendetwas real ist. Gordon nimmt sie allerdings zum Anlass, mit eindeutiger Bewunderung von der deutschen Freizügigkeit – die er im Münchner Tiergarten bewundern konnte – und der ausgeprägten deutschen Pornoindustrie zu schwärmen. Ich brauche mehr Wein, denke ich, während uns der verrückte Gordon zu poliertechnischen Hochleistungen anspornt. „Faster, girls, faster" kommt sein Kommando immer wieder von der Couch herüber, wo er sich mit zwei jungen Amerikanern, die auch im Haus übernachten, auf eine lange Diskussion über die amerikanische Außen- und Sicherheitspolitik einlässt. Am Ende sind wir alle davon überzeugt, dass Gordon einmal für den amerikanischen Geheimdienst gearbeitet hat, und die beiden Amerikaner wirken reichlich erschöpft. Während ich weiter trinke, erzählt Gordon dann von den Mädchen, die ihm während ihres Jade-Erlebnisses ihr Herz ausschütten und wie er so hinter das Geheimnis des „Sex-Netzwerkes" der „Kiwi-Busfahrer" gekommen ist. In Neuseeland gibt es drei Busgesellschaften, die Tickets für unterschiedliche Routen quer durch das Land anbieten. Die Tickets sind ein Jahr gültig und die Touristen, meist Backpacker, können beliebig lange an einem Ort bleiben und mit einem der alle zwei Tage vorbeikommenden Busse weiterfahren, sobald sie das möchten. Eine der Busgesellschaften –„Kiwi-Experience" – steht in dem Ruf, in erster Linie junge dauerbetrunkene Englän-

der an Bord zu haben. Viele der jungen weiblichen Backpacker in den „Kiwi"-Bussen finden es besonders hip, etwas mit einem der Busfahrer anzufangen, mit denen sie mehrere Tage lang unterwegs sind, und auf dem Weg von Norden nach Süden wechseln sowohl Busse als auch Fahrer häufig, und diese Mädchen werden sozusagen weitergereicht. Gordon kam dahinter, nachdem sich eines der Mädchen bei ihm darüber gewundert hatte, warum sie während ihrer Reise schon mit so vielen der Busfahrer im Bett gelandet war und einfach „so gar nichts dagegen tun könne". „Sie knipsen eine Ecke in ihre Tickets", verrät uns Gordon, „ich habe bei den Fahrern nachgefragt." Auf diese Weise weiß der nächste Busfahrer gleich, welches der Mädchen ein leichtes Opfer ist. Ob auch weitere Details der liebestechnischen Qualitäten der Mädchen weitergereicht werden, das weiß Gordon nicht, vermutet aber, „dass man sich schon darüber austauscht."

Als wir schließlich gegen vier Uhr morgens fertig sind mit dem Polieren, ich völlig betrunken und Anne völlig bekifft ist und der Glanz unserer Schmuckstücke Gordons strengem Maßstab entspricht, haben wir noch vieles mehr erfahren über Ausschweifungen und Eigenheiten im Städtchen Hokitika. Anne und Johanna haben tatsächlich blutige Finger, meine sind auch reichlich taub und wir fallen halbtot ins Bett. Am nächsten Morgen um acht, als wir übernächtigt und verkatert aufstehen, ist Gordon bereits wieder aktiv. Mit seinem Sprössling auf dem Arm kommt er uns entgegen und überreicht uns unsere Schmuckstücke, in die er bereits ein dünnes Lederband gefädelt hat. Dann folgt natürlich noch das obligatorische Foto für den Katalog. Für heute hätten sich bereits fünf Leute für ein „Jade experience" angemeldet, ist seine frohe Mitteilung. Er werde jetzt erstmal in seine Werkstatt gehen, um noch etwas zu arbeiten – und sicherlich auch, um noch etwas Jade-Mist zu trinken. Spricht's, gibt seiner Frau einen Kuss, winkt uns noch einmal zu und verschwindet …

Kapitel 9

Ein silberner Ritter

Zurück im Hier und Jetzt und einem kurzen Stop in Hokitika erreichen wir bald Punakaiki, wo die berühmten Pancake-Rocks zu finden sind – ausgewaschene Kalksandsteinfelsen, die aussehen wie übereinander gestapelte Pfannkuchen –, die aber meiner Meinung nach lange nicht so sehenswert sind wie der dicht bewaldete Paparoa-Nationalpark, in dem die sonderbaren Nikao-Palmen die eindrucksvollen Steilküsten hinauf wachsen. Für mich ist dieser Teil der West Coast eine der schönsten Ecken Neuseelands, Winden und starken Regenfällen ausgesetzt, aber auch mild und sanft mit wunderbaren Sonnenuntergängen, von denen wir immerhin zwei genießen dürfen, bevor es am dritten Abend und die ganze darauf folgende Nacht hindurch wieder regnet. Irgendwo hier hat Keri Hulme – neuseeländische Bookerpreisträgerin – ihr Werk „Unter dem Tagmond“ angesiedelt, ein sehr berührendes, atmosphärisch dichtes Epos über eine Freundschaft zwischen Jung und Alt, geprägt von der Mystik der Maori und der Landschaft der West Coast.

In Punakaiki steuern wir einen schönen Campingplatz am Strand an, der mit direktem Blick auf die palmbewachsenen Steilküsten punkten kann und recht komfortabel, dabei aber nicht allzu voll ist. Die Sonne strahlt und wir nutzen die Gelegenheit für einen nachmittäglichen Spaziergang am Strand. Die Kulisse mit der Steilküste im Hintergrund erscheint einfach spektakulär. Die See ist stürmisch und die aufspritzende Gischt glitzert in der Luft. Emma lacht und wir albern mit ihr am Strand herum, suchen Muscheln und Strandgut, das Emma genau begutachtet, bevor wir sie mitsamt Buggy wieder in Richtung Wohnmobil schieben. Neben uns parkt eine Schweizer Familie, ein Ehepaar mit ihrem fünfjährigen Sohn, die ebenfalls acht Wochen lang durch das Land reisen und bisher ungefähr die gleiche klassische Route hinter sich haben wie wir. „Wie ist das Reisen mit einem Fünfjährigen?“, will ich wissen. „Absolut entspannt“, lautet die Antwort. Die Eltern, Martin und Susanne, haben sich

Der Strand von Punakaiki

eine Auszeit genommen und nutzen die Gelegenheit, vor Emils Einschulung noch einmal für längere Zeit zu verreisen. „Und im Flugzeug kann man in seinem Alter schon das Unterhaltungsprogramm nutzen, von daher war der Flug für Emil ein Highlight." Das finde ich beneidenswert, wenn ich an unsere eigene Anreise denke.

Auf dem Campingplatz gibt es eine gut eingerichtete Küche, in der wir ein paar Steaks braten. Es wird ein frühes Abendessen, nach dem wir uns – wie alle anderen auch – hinunter zum Strand begeben. Hier erwartet uns ein wirklich perfekter Sonnenuntergang. Wir haben Wein mitgenommen, normalerweise trinke ich nichts, da ich Emma ja noch stille, aber ein halbes Glas in der untergehenden Sonne, das muss heute sein. Lustigerweise hat sich auf dem Campingplatz inzwischen die kleine Gruppe aus Otago eingefunden, immer noch angeführt von dem genervt wirkenden Reiseleiterpärchen. Wieder geben die beiden sehr laut und dynamisch ihre Instruktionen für die Weiterfahrt. Sie parken aber so weit von uns entfernt, dass wir davon nicht allzu viel mitbekommen.

Ausgeruht und immer noch überwältigt von der Landschaft machen wir uns am nächsten Tag auf zu einer Wanderung durch den Paparoa National Park. Es ist zu unserer Freude wieder einmal eine Rundwanderung von vier Stunden, zumindest laut Reiseführer. Sie beginnt auf einem gut erschlossenen Wanderweg entlang eines kleinen Flusses, der sich zwischen den steil aufragenden Felsen landeinwärts windet. Üppig grüner, dichter Urwald mit Farnbäumen und Nikao-Palmen umgibt uns, Wasser rieselt die Kalksandsteinfelsen hinunter und wir kommen an einigen Höhlen vorbei. Nach einer Weile geht ein kleiner Seitenpfad den Berg hinauf, dem wir folgen. Mit einem Mal ist es vorbei mit dem schicken kieselsteinbestreuten Wanderweg und ein schlammiger Pfad führt in Schlangenlinien aufwärts. Relativ schnell ändert sich nun auch die Vegetation, der Wald wird lichter mit weniger Palmen, stattdessen dominieren struppige Flechten und Moose das Bild. Und weit und breit keine anderen Wanderer.

Nach zwei Stunden machen wir auf einer kleinen Brücke im Bergwald Mittagspause, weil man hier auf den Holzplanken einigermaßen trocken sitzen kann. Emma – die wieder einmal geschlafen hat – ist aufgewacht und hungrig. Wir haben ein Gläschen *pumpkin and wild rice* dabei, was sie immer wieder gerne isst. Wir haben einen neuen Becher für sie gekauft, schon etwas für „größere" Kleinkinder. Aus dem trinkt sie richtig gerne Wasser und findet ihn ganz super. Ich versuche, sie tagsüber so selten wie möglich zu stillen. Sie ist jetzt neun Monate alt und länger als ein Jahr möchte ich sie nicht stillen. Aber ein bisschen Zeit hat es ja noch, vor allem hier in Neuseeland. Nachts wacht sie sehr oft auf, sicher

Der Paparoa National Park

alle zwei bis drei Stunden, was unseren Schlaf nicht ganz so entspannt macht. Ich glaube auch, wir sind es alle drei eigentlich nicht gewohnt, im selben Bett zu schlafen, vielleicht liegt es auch daran. Zuhause hat Emma jetzt ihr eigenes Zimmer, und ich hole sie immer nur kurz zu mir, wenn sie nachts aufwacht. Dabei schlafen wir alle eigentlich sehr gut, vielleicht bringt sie die ungewohnte Bettsituation auf der Reise ein bisschen durcheinander. Ihre gute Laune kann das allerdings nicht trüben, dafür sind wir sehr dankbar. Hier auf der Brücke beobachtet sie den Bach unter uns und ist ganz begeistert von den Blubberblasen und Verwirbelungen des Wassers. Als wir wieder aufbrechen, ist sie allerdings etwas mürrisch, weil sie wohl noch weiter schauen möchte, aber ist dann nach kurzer Zeit auch schon wieder eingedöst. Das Wickeln unterwegs stellt eigentlich auch kein Problem dar, wir haben immer ein paar Windeln, feuchte Tücher und eine Unterlage aus Molton dabei, ebenso eine Plastiktüte für die Schmutzwindeln.

Jetzt schlängelt sich der schlammige Pfad wieder den Berg hinab und teilweise ist es recht rutschig. Wir suchen zwei lange Stöcke, die uns etwas mehr Sicherheit beim Gehen verleihen. Eine Stunde später haben wir das Tal am Punakaiki-River erreicht, an dessen Ufer der Wanderweg entlangläuft. Doch dann, nach etwa zwanzig Minuten, kommen wir nicht mehr weiter, da der Weg hier eigentlich quer durch das Flussbett führt. Es sind zwei Schilder nach Punakaiki aufgestellt, das eine weist geradeaus über den Fluss und warnt, ihn bei Hochwasser nicht zu durchqueren, das andere zurück in die Richtung, aus der wir gekommen sind. Jetzt stehen wir vor der Wahl: drei Stunden zurück durch den Wald oder eine halbe Stunde mit Flussdurchquerung geradeaus bis nach Punakaiki? Wir entscheiden uns für den Versuch einer Flussdurchquerung und ziehen unsere Schuhe aus. Das Wasser ist meist nur knöcheltief, fließt jedoch sehr schnell, ist natürlich eiskalt und die Steine am Grund sind sehr schlüpfrig. Die Flussbreite misst hier etwa zwanzig Meter und vor allem für Frank ist es eine Zitterpartie mit Emma um den Bauch, die wir nicht im kalten Wasser sehen wollen. „Das ist viel schwieriger als gedacht, verdammt, ein paar Mal hätte es mich beinahe schon umgehauen", flucht er, nachdem wir etwa ein Drittel des Flusses durchquert haben. Hier geht es nicht recht weiter, das Wasser wird tiefer und die Strudel stärker. Trotz des insgesamt immer noch niedrigen Wasserstandes scheint es beinahe

Lächeln, obwohl es nicht mehr weitergeht

unmöglich, ohne Sturz ans andere Ufer zu kommen. So beschließen wir schließlich frustriert und fröstelnd, den Weg durch den Wald wohl oder übel wieder zurück zu gehen – immer noch besser, als einen gebrochenen Fuß mit kaltem Bad zu riskieren. Wir wollen gerade umdrehen, als sich am anderen Ufer über eine Schotterpiste ein silbergrauer Pickup-Truck nähert. Der Fahrer winkt uns zu und bedeutet uns, zu bleiben, wo wir sind. Dann lenkt er den Pickup in den Fluss und kommt direkt neben uns zum Stehen. „Jump on", sagt er, ein kerniger Neuseeländer mit kurzen Hosen, und schon sind wir gerettet und trockenen Hauptes am anderen Ufer. Gott sei Dank hat Emma diese Episode wieder einmal verschlafen. Dankbar steigen wir kurz darauf wieder aus dem Jeep von Marc – unserem edlen Ritter –,. der unterwegs ist, um Sand vom Flussufer für seine Kinder zu besorgen. Was für ein Glück!

Eine halbe Stunde später sind wir wieder unter Dutzenden von Touristen bei den berühmten Pancake Rocks gelandet und steuern mit ihnen die abgezäunten Wege entlang durch das Labyrinth der aufeinandergestapelten Kalksandsteinfelsen, die irgendwie appetitanregend sind. Trotz des Massenandrangs sind die Pfannkuchenfelsen am Strand von Punakaiki sehenswert, besonders die sogenannten Blowholes, durch die bei Flut meterhohe Fontänen zwischen den Felsen emporzischen. Und selbstverständlich gehen wir zur Feier des Tages im angrenzenden Café Pfannkuchen essen.

Kapitel 10

Nach Norden mit Gestank

Ich weiß nicht, ist es vielleicht der Regen oder die Tatsache, dass wir das Wohnmobil schon seit zwei Tagen nicht mehr bewegt haben, wir haben allerlei Theorien, auf jeden Fall wachen wir am nächsten Morgen nach einer sehr stürmischen und feuchten Nacht auf und unser sonst so gemütliches kleines Refugium stinkt wieder einmal zum Himmel.

Es ist ein aufdringlicher, leicht süßlicher, ekelhafter Geruch, ein bisschen wie ein nasses Hundefell. Und dieses Mal ist es besonders schlimm. Wir vermuten, dass es mit der Feuchtigkeit durch den Regen zu tun hat und versuchen es wieder einmal mit Lüften, was leider nicht viel bringt. Da wir zudem hier in Punakaiki keinen Handy-Empfang haben, beschließen wir, aufzubrechen und unterwegs bei der Autovermietung anzurufen. Frank ist empört. „Die schulden uns mindestens ein neues Wohnmobil für diesen Gestank."

Unser nächstes größeres Ziel ist der Abel Tasman Park im Norden der Südinsel und auf dem Weg dorthin wollen wir an den Nelson Lakes übernachten. Es hat endlich aufgehört zu regnen und wir haben den Camper gut durchgelüftet. Also fahren wir wieder los und erreichen gegen Mittag einen DOC-Campingplatz am Lake Rotoiti, einem der Nelson Lakes, der malerisch vor dem Hintergrund der sich auftürmenden Berge von Nelson liegt und an dem offenbar viele Kiwis – also Einheimische – ihre Wochenenden verbringen. Und weder dort noch während der gesamten Fahrt am Morgen haben wir irgendwo ein Mobilnetz. Morgen aber, morgen werden wir auf jeden Fall bei United anrufen und am besten gleich einen neuen Camper verlangen!

Wir sind müde von der Fahrt und die Aussicht auf ein kleines Schläfchen in unserem blauen Bett ist verlockend – es ist auch Emmas Mittagsschlafzeit –, aber es stinkt immer noch so sehr im Camper, dass wir uns für eine kleine Wanderung um den See entscheiden. Auf dieser Tour erfahren wir anhand zahlreicher Schilder, dass wir uns in einer Gegend mit vielen geschützten Wespenarten aufhalten, die durch den Einfall der vielen eingeschleppten Jäger bedroht sind. Die kleine lehrreiche Wanderung führt uns durch einen lichten Buchenwald, in dem wir wieder einmal versuchen, Vogelstimmen mit Hilfe unseres neuen Führers zu erraten – ein Hobby, dem ich zuletzt als Kind gefröhnt habe. Emma schläft in ihrem Buggy, den wir dieses Mal mit auf die Wanderung genommen haben, weil wir sie darin absolut insektensicher unterbringen können. Allerdings müssen wir feststellen, dass der Mountain Buggy trotz des Namens nicht unbedingt geländetauglich ist.

Zurück auf dem Campingplatz haben wir mehrere neue Nachbarn bekommen, die ihr Bier trinken, während sie ihre Zelte aufbauen und dann alle schnell Richtung See verschwinden. Eine Familie aus Nelson schlägt neben uns ihr Lager auf und wir kommen ein bisschen ins Plaudern, weil sie auch eine Tochter im Alter von Emma haben. Unsere meist einheimischen Zeltnachbarn sind absolute Profis im Aufstellen von gigantischen Zelten mit komfortablen Betten und kompletter Sitzgarnitur darin und vor allem kümmern sie sich absolut nicht um die Massen von Hummeln, Wespen und Sandflies, die auf diesem Campingplatz herumfliegen. Ich finde es unglaublich. Das Wetter ist wunderschön, so dass wir draußen essen wollen, aber es sind so viele Insekten aller Art in der Luft, dass mir vor allem wegen Emma ganz anders wird. Schließlich finde ich eine Bank in der Sonne, die weitestgehend insektenfrei ist und sprühe den Buggy und mich gut ein, bevor wir den Tisch decken und dann doch noch im Freien zu Abend essen.

Während ich anschließend mit Emma auf der Bank sitze und wir den Vögeln lauschen, solange es geht – das heißt, bis es mir wirklich mulmig wird angesichts von betrunken scheinenden Hummeln, die ständig an uns abprallen –, rückt Frank dem Gestank im Wohnmobil noch einmal auf den Grund. Am Ende rollt er den ganzen Teppich, der den Boden auskleidet, zusammen und schiebt ihn unters Bett. Dann wischt er die Ecken aus und versprüht ein Desinfektionsmittel, das wahrscheinlich auch nicht so wahnsinnig gesund ist. Aber dieser Gestank ist derart ekelhaft, dass es mich Wochen später noch schüttelt, wenn ich nur daran denke. Als die Sonne untergegangen ist, wird es eine relativ kalte und klare Nacht und am nächsten Morgen ist es ein bisschen besser mit dem Geruch. Wir frühstücken draußen, fahren dann los, nachdem wir Frischwasser getankt haben und halten bald an einem gemütlich aussehenden Café, wo wir Handyempfang haben und Frank endlich bei United anruft.

Die nächsten zwei Stunden verbringen wir in dem Café, während Frank immer wieder einen Anruf bekommt und unter Anleitung eines Mechanikers alles Mögliche am Camper überprüft.

Emma und ich sitzen derweil drinnen und unterhalten uns mit einer netten Dame aus Nelson, die gemeinsam mit ihrer achtjährigen Tochter auf ihren Mann wartet, der mit dem Fahrrad hierher unterwegs ist. Angesichts meiner Beschwerde über die vielen Insekten äußert sie die Vermutung, dass man als Einheimische vielleicht tatsächlich schon eine gewisse Immunität ausgebildet hat, denn sie empfindet die Sandfly-Stiche im Gegensatz zu Frank und mir als nicht besonders schmerzhaft und wird auch nicht oft gestochen. Sie war erst letztes Jahr in Deutschland und hat neben Heidelberg auch Stuttgart einen Besuch abgestattet, das finde ich immer wieder erstaunlich, erstens, weil ich dort aufgewachsen bin und die Stadt nicht gerade als Touristenstadt empfinde, und zweitens, weil wir schon viele Kiwis und Australier getroffen haben, die ausgerechnet in Stuttgart waren und von der romantischen Umgebung schwärmen.

Und was Frank unterdessen angeht: Nein, man kann ihm natürlich nicht sagen, was das für ein Gestank ist, aber womöglich kommt er von der Batterie, die nass geworden ist und nun leckt, was einen beißenden, stechenden Geruch zur Folge hätte. Das wäre schlecht, vor allem für unsere Gesundheit, dann doch lieber eine Ratte, denke ich, aber weder der Mitarbeiter in Christchurch noch der zugeschaltete Mechaniker aus Auckland können uns wirklich helfen. Ein neues Wohnmobil kann man uns auch nicht zur Verfügung stellen, alles ist ausgebucht bzw. an Standorten auf der Nordinsel, eine Überführung ist nicht möglich, dafür hat man kein Personal. Irgendwann scheint Frank schon beinahe Freundschaft geschlossen zu haben mit dem netten jungen Deutschen am Telefon, der mit einem Working-Holiday-Visum gerade bei United arbeitet und sich vermutlich vornehmlich um die deutschen Urlauber kümmert. Er schickt uns dann in eine Werkstatt auf dem Weg Richtung Abel Tasman Park, wo man der Wahrheit endlich auf den Grund gehen wird.

Als wir die Berge und Seen von Nelson hinter uns gelassen haben, wird es zusehends sommerlicher. Die Werkstatt liegt im Örtchen Motueka – einer der Ausgangspunkte für Touren in den Nationalpark. Die

Fahrt zum Abel Tasman National Park Richtung Norden

Hauptstraße von Motueka ist gesäumt von Backpacker-Unterkünften und kleinen Bars. Hinter der Stadt finden wir dann die gesuchte Werkstatt. Ein netter, älterer Mechaniker im Blaumann mit weißen Haaren und Rauschebart hört sich unser Problem an und sagt, er werde alles tun, um uns zu helfen. Er sieht sich die Batterie an, die aber in Ordnung ist, und schlägt dann vor, den Teppich dazubehalten und zu reinigen. Außerdem schrubbt er den ganzen Innenraum noch einmal gründlich durch. Wir sind sehr dankbar und werden den Teppich in einigen Tagen wieder abholen.

Der Weg zum Abel Tasman Park ist wieder einmal ein One-Way-Vergnügen, wir werden die gleiche Strecke wieder zurückfahren müssen. Angepeilt haben wir die Nordspitze des Nationalparks in Totaranui, wo es einen großen DOC-Campingplatz gibt, den uns bereits andere Reisende sowie Einheimische empfohlen haben. Es ist ein weiter Weg bis dorthin, zuerst geht es über eine lange, wie üblich kurvenreiche Küstenstraße, die sich schließlich mehr und mehr ins Landesinnere hineinzieht bis weit hinauf auf die Berge von Takaka. Doch welch fantastische Aussicht, als wir oben angekommen sind. Der Parkplatz bei der Takaka Hill Scenic Reserve bietet einen herrlichen Blick auf das Meer und die Tasman Bay mit der gegenüberliegenden Küste, an der wie gemalt kleine Wolken in den Hügeln zu kleben scheinen. Danach geht es bergab in nicht enden wollenden Kurven, bei denen mir übel wird.

Emma schläft fast die ganze Fahrt über, bis wir schließlich in Takaka ankommen, laut Lonely Planet ein „hippiesker, relaxter Ort" vor dem nördlichen Abel Tasman Park in Richtung Cape Farewell und die letzte Station, wo man auf der Fahrt dorthin tanken und einkaufen kann. Es ist jetzt schon drei Uhr nachmittags und wir parken vor dem örtlichen Supermarkt. Und da sind schon die Hippies – oder besser gesagt, junge Backpacker mit oder ohne Rastas, Fisherman-Pants und auf jeden Fall barfuß. Überhaupt scheint das die Stadt der Barfüßigen zu sein. Es gibt eine Straße weiter sogar ein barefoot-hostel und auch im Supermarkt – wie immer klimatisiert und total unterkühlt – sind einige junge Leute ohne Schuhe anzutreffen. Zum Beispiel die junge Deutsche mit den Rastas, die vor mir an der Kasse steht und neben einigen anderen Dingen eine Flasche Rotwein kaufen will. Als die Kassiererin sie auffordert, ihren Ausweis zu zeigen – mit dem Verweis auf das Schild an der Kasse, das besagt: „If you look under 30, you will have to prove your age to buy alcohol" –, muss sie passen, sie hat ihre Papiere nicht dabei, sei aber 25. Es tue ihr leid, entgegnet die Kassiererin, da sei nichts zu machen, ohne Ausweis kein Alkohol. Die junge Frau ist sauer, außerdem ist es ihr wohl auch etwas peinlich, aber schließlich muss sie ohne Weinflasche davonziehen. Wir – die nächsten in der Reihe – haben zwei Flaschen Rotwein auf dem Band liegen. Erwartungsfroh suche ich in der Tasche schon nach meinem Pass, aber die Kassiererin, die mit mir über das Wetter plaudert, ist nicht an meinen Papieren interessiert. Ich bin leicht enttäuscht, davon überzeugt, dass sie mich vor fünf Jahren noch nach meinem Ausweis gefragt hätte, und vor zehn Jahren wäre ich dabei sicher auch barfuß gewesen und noch einmal fünf Jahre früher hätte ich die passenden Rastas dazu mitgebracht. Aber jetzt sind wir Eltern – und über jeden Zweifel erhaben. Dann starten wir auch schon wieder unser Wohnmobil und werfen noch einen letzten Blick auf das kleine Grüppchen der Barfüßigen, die in Richtung barefoot-hostel oder Pub oder zum Yoga-Kurs unterwegs sind, während vor uns erneut eine lange, staubige Schotterpiste liegt.

Baumfarne im Abel Tasman National Park

Hinter Takaka fahren wir zunächst durch Motupipi – jaaa, wir finden es lustig – und noch ein paar winzige Örtchen am Strand der Golden Bay entlang, bis es wieder bergauf geht und uns ein Schild den Campingplatz in Totaranui weist mit der Warnung, nicht bei schlechtem Wetter und nur als geübter Fahrer dorthin zu fahren. 12 Kilometer Schotterpiste bei maximal 20 km/h macht – genau, eine ganz schön lange Strecke und das bisher schotterpistigste und kurvenreichste Straßenerlebnis in Neuseeland. Die Bäume und Büsche des dicht gewachsenen Regenwaldes sehen am Straßenrand fast weiß aus – über und über mit Staub bedeckt, und auch die Oberflächen in unserem Camper sind nach dieser Fahrt wieder ziemlich verschmutzt, weil das Gitter an der hinteren Türe trotz Absperrung mit Kissen und Handtüchern immer noch nicht ganz dicht schließt.

Nach einer gefühlten Ewigkeit erreichen wir schließlich den Campingplatz in Totaranui, oder besser gesagt, der Campingplatz ist Totaranui. Das weitläufige Gebiet mit Stellplätzen auf Wiesen wird von niedrigem Gebüsch gesäumt und es sind nur ein paar Schritte zum Strand der Golden Bay. Und wirklich – der Sand hier strahlt in einem so intensiven Goldton, wie ich es sonst nirgendwo gesehen habe – endlich angekommen. Emma hat die Fahrt wieder größtenteils schlafend hinter sich gebracht – ich glaube, kurvenreiche Schotterpisten wirken auf sie besonders beruhigend. Aber jetzt ist sie fit und wir erkunden den Campingplatz, der nicht besonders voll ist. Es wird ein angenehm warmer Abend, genauso, wie ich es mir immer gewünscht hatte.

Direkt gegenüber parkt das Pendant zu unserem Wohnmobil, die gleiche Autovermietung und fast das gleiche Modell, nur ein Bett und ein Sitzplatz mehr. Es gehört zu einer sechsköpfigen französischen Familie, mit der wir am Abend ins Gespräch kommen und die ungefähr genauso lange unterwegs sind wie wir. Allerdings kommen sie auf direktem Wege aus Neukaledonien, wo sie in den letzten zwei Jahren als Ärzte gearbeitet haben. Sie wollen nun wieder zurück nach Frankreich und den Weg dorthin mit einer Reise verknüpfen, zuerst Neuseeland, danach Australien und schließlich Indonesien. Im Herbst planen sie rechtzeitig zum Schulbeginn wieder zuhause zu sein. Marc und Valerie – so die Namen der Eltern – haben vier Söhne, der Älteste ist elf, der jüngste anderthalb und in Neukaledonien zur Welt gekommen. Ihre Kinder heißen Antoine, Alain, Albert und Anatol. Marc erzählt, dass

Strand bei Totaranui

sie sich immer ein Mädchen gewünscht hatten und so lange weitermachen wollten, bis sie eines bekämen. „Aber vier sind dann doch genug", sagt er lachend. „Wir wollten den Kleinsten eigentlich Eric nennen, aber wir mussten uns den Protesten der Älteren beugen, die auf jeden Fall wieder einen Bruder mit dem Anfangsbuchstaben A haben wollten – und so kam es zu Anatol." Emma ist ganz aus dem Häuschen angesichts der vielen anderen Kinder, rudert wild mit ihren Ärmchen und strahlt vor allem den kleinen Anatol an, während sie in ihrem Buggy sitzt und Frank beim Feuermachen zusieht. „Mit vier Kindern um die halbe Welt, und manche Leute finden schon das mutig, was wir hier tun", denke ich. Es ist ein schöner, entspannter Abend, auch wenn wir feststellen müssen, dass das „Teriaki Steak", das wir in Takaka gekauft haben, absolut ungenießbar ist, da es aus Pressfleisch oder Ähnlichem besteht. Auch Marc kostet und schüttelt nur den Kopf. Also fort damit und zurück zu Reis und Gemüse.

Am nächsten Morgen scheint die Sonne und wir frühstücken im Freien. Wir werden eine Wanderung zur Anapai Bay machen, laut Plan zwei Stunden hin und zwei Stunden zurück, also genau unser Zeitmaß. Heute nehmen wir sogar unsere Badesachen mit. Es ist eine schöne Tour

durch den Wald, in dem die Farnbäume besonders hoch wachsen und ich daher unzählige Fotos machen muss. Auf dem Weg zur Anapai Bay landen wir immer wieder in kleinen Buchten mit goldenem Sand vor dem türkisfarbenen Meer und zweimal machen wir Rast im niedrigen Gebüsch am Strand. Hier sind immer wieder kleine Lichtungen, in denen ein oder zwei Zelte Platz haben und die Wanderern als Übernachtungsplatz dienen. In einer besonders schönen Bucht legen wir uns an den Strand, dann ziehe ich mich aus und laufe ins Meer. Es ist eiskalt, aber trotzdem schön. Emma lässt sich ihren Mittagsbrei schmecken und wir genießen die Sonne – trotz der wie immer lästigen Sandflies. Marc und Valerie tauchen auf einmal mit ihren Kindern aus dem Dschungel auf und gesellen sich für eine Weile zu uns.
Zurück auf dem Campingplatz überlegen wir, ob wir für den nächsten Tag eine Bootstour buchen sollen, um dann ein größeres Stück zurückzuwandern, aber da wieder einmal Regen angesagt ist, verzichten wir darauf und wollen spontan sein.

Und genau so kommt es: Nach einer milden Nacht zeigt sich der Morgen in stürmischem Grau und ein schräger Seitenwind treibt den Regen gegen unsere Fenster. So bleibt uns nichts anderes übrig, als den

Spaziergang bei stürmischem Wetter

Vormittag im Wohnmobil zu verbringen, mit Emma herumzualbern, zu lesen und Tagebucheintragungen zu machen. Marc und Valerie sind bereits weitergefahren und wir stehen allein auf unserem Abschnitt des Campingplatzes. Wir fühlen uns ein wenig paranoid, weil wir abwechselnd immer wieder die Nase rümpfen und meinen, den alten Gestank zu riechen. „Merkst Du nichts? Ich bin ganz sicher, eben habe ich es gerochen, es ist noch nicht weg." So machen wir uns gegenseitig verrückt, aber wenn der Geruch auch noch irgendwo in den Ecken lauert, so ist er doch nicht mehr wirklich fassbar und vermutlich hauptsächlich Einbildung.

Als der Regen am Nachmittag nachlässt, unternehmen wir mit Emma im Buggy eine kleine Wanderung – mit Regenverdeck, das heute vor allem vor dem Wind schützt – bis zur nächsten Bucht und wieder zurück. Wir sind fast allein unterwegs und beobachten viele der hübschen schwarzen Strandläufer mit ihren markanten roten Schnäbeln. Mit dem Buggy gegen den Wind anzukämpfen und dabei über Sandstrand zu fahren ist Schwerstarbeit und mag manch einem idiotisch erscheinen – schließlich hätten wir sie ja auch im Tragesack mitnehmen

Faszinierende Natur

können. Aber uns war die Wettersituation so unsicher erschienen und da sich Emma unter unseren Regenjacken nicht wohl fühlt, haben wir uns für eine kurze Strecke mit dem Kinderwagen entschieden, worin sie sogleich einschläft. Schließlich machen wir kehrt, nachdem der passierbare Streifen Strand aufgrund der Flut immer schmaler wird. Hoch spritzende Wellen brechen sich an den Felsen, die aus dem Wasser ragen. Die Wolkendecke reißt gerade auf und einige Sonnenstrahlen fallen auf den vor Feuchtigkeit dampfenden Regenwald. Dieser steht in unglaublich satten Grüntönen vor dem leuchtenden Goldgelb des Sandes. Die dichten Baumkronen werden hier und da von den helleren Farnbäumen durchbrochen, die sich als kleine Schirme darüber erheben, und erneut zeigt sich die Natur in ihrer ganzen Wildheit, Pracht und Fülle, wie man sie nur nach dem Regen bestaunen kann.

Leider müssen wir am Tag darauf aufbrechen, weil uns wieder einmal die Zeit davon läuft – außerdem haben wir kein Brot mehr – und fahren über die lange, kurvenreiche Schotterpiste zurück nach Takaka. Die bei unserer Ankunft vor drei Tagen staubübersäten Bäume und Büsche am Straßenrand sind vom Regen rein gewaschen, Straßenarbeiter bessern die Fahrbahn aus und es ist überhaupt ein sehr klarer und schöner Morgen. In Takaka buchen wir online Tickets für die Fähre auf die Nordinsel, während wir uns in einem kleinen Café ein reichhaltiges Frühstück mit pancakes, Eiern und Speck gönnen. Dieses Mal sehen wir keine Barfußgänger – vielleicht ist es noch zu früh. Am frühen Nachmittag erreichen wir wieder die Werkstatt in Motueka. Sie ist geschlossen, aber der nette Mechaniker hat unseren Teppich über eine Wäscheleine gehängt. Wir stellen ihm zwei Flaschen Wein vor die Tür, rollen den Teppich zusammen und schieben ihn unters Bett. Ob er nun stinkt oder nicht, wir wollen ihn nicht mehr haben.

Kapitel 11

In den Marlborough Sounds mit Prinz Charles

Ohne Teppich – zumindest ist er nicht mehr sichtbar – setzen wir unsere Reise fort, die uns östlich in Richtung Marlborough Sounds führt, eine Landschaft, die in der Eiszeit aufgesprengt und zu einer fjordartigen Flusslandschaft wurde. Viele der Sounds sind nur mit dem Schiff zugänglich und es gibt hier diverse DOC-Campingplätze, die ebenfalls nur vom Wasser aus erreichbar sind. Die Gegend ist außerdem bekannt für ihr ganzjährig mildes Klima, und fährt man noch etwas weiter nach Osten, so landet man in Marlborough, dem bekanntesten Weinanbaugebiet Neuseelands.

Auf dem Weg in die Sounds halten wir in Nelson, einer hübschen Stadt mit Art déco-Ambiente, wo wir unsere Vorräte auffrischen und leckere meatpies zum Lunch verspeisen. Danach steuern wir einen der wenigen DOC-Campingplätze an, die vom Festland aus zu erreichen sind, der Platz am Tennyson Inlet bringt aber wieder eine Schotterpistenanfahrt par excellence mit sich, nach welcher der Innenraum des Campers abermals komplett verstaubt ist. Die Fahrt geht durch ein langes, weites Tal, in dem eine Rinderherde sehr langsam die Straße kreuzt, begleitet von ungeheuer coolen Jungs mit Kippe im Mundwinkel, womit sie dem Namen der Gegend alle Ehre machen. Auf einer Berghöhe angekommen, liegt zu unserer Rechten dann das Tennyson Inlet, malerisch strecken sich die weit gefächerten Flussarme in die darunter liegenden Täler hinein. Andächtig genießen wir für eine Weile das Panorama. Die Sounds hier sind sanfter als im Fiordland National Park, sie strahlen eine fast sonntägliche Stille aus und laden zum Verweilen ein. Kein Wunder, dass überall Segelboote zu sehen sind, kleine weiße Tupfer auf dem blau glitzernden Wasser in der Nachmittagssonne. Berauscht von diesem Anblick kurven wir die Straße hinab bis zum Campingplatz am Eingang der Harvey Bay.

Und hier sind wir wieder einmal fast alleine. Außer uns parken noch ein weiteres Wohnmobil und ein PKW nebst Zelt auf dem Campingplatz.

Harvey Bay – Picknick am Nachmittag

Wir bewundern den wieder einmal perfekten, tiefgrünen englischen Rasen. Das Wetter ist schön und die Abendsonne verführt zum Essen im Freien. Kaum haben wir unsere Picknickausrüstung aufgestellt, taucht ein ziemlich großer Vogel auf – eine Art Huhn – und bettelt um Futter. Es ist einer der flugunfähigen Wekas, die für ihre Aufdringlichkeit bekannt sind, aber auch ziemlich spitze Schnäbel haben, weshalb wir ihn verscheuchen. Auch später in der Nacht hören wir ihn, wie er immer wieder an Stühlen und Picknicktisch herumpickt. Auf den schönen Abend folgt eine regnerische und windige Nacht, die dadurch noch ungemütlicher wird, dass Emma irgendwann aufwacht und schreit und schreit. Anfangs lässt sie sich überhaupt nicht beruhigen, erst nach einer schier endlosen Weile, in der wir ihr zu zweit den Bauch massieren, wird sie friedlicher und schläft wieder ein. Wir sind unheimlich erleichtert, dass sie sich wieder beruhigt hat und ich bin sehr dankbar, dass dies der erste Vorfall dieser Art ist. Und hoffentlich auch der letzte.

Trotzdem ist uns das Glück nicht ganz hold. Am Morgen hat sich der Himmel immer noch nicht aufgeklart und wir haben offenbar übersehen, dass wir in spätestens einem Tag an eine Dump Station müssen, bevor die Toilette überläuft. Da es ohnehin regnet – und zwar heftig und andauernd – beschließen wir, einen Ausflug in die nahe liegende Weinregion Marlborough zu unternehmen, in einem Bio-Weingut eine Weinprobe mitzumachen und irgendwo lecker zu brunchen. Wir fahren zu einem vom Organic-Explorer empfohlenen Bio-Weingut und sind ein bisschen erstaunt über die Baracke, auf die wir hier treffen und die so gar nichts mit unserer europäischen Vorstellung eines Weinguts zu tun hat. Die Weinverkostung findet in einem kleinen Holzschuppen statt, aber die Weine sind hervorragend und wir kaufen einige Flaschen Chardonnay, Sauvignon Blanc und Cabernet Sauvignon. Eine junge Frau aus Brasilien leitet die Weinprobe. Sie hat den Winzer bei einem Work & Travel-Jahr kennen- und lieben gelernt und ist seit kurzem mit ihm verheiratet und Neuseeländerin. Sie empfiehlt uns ein Weingut in der Nähe, das wohl eine hervorragende Küche bietet und sehr beliebt ist. Im strömenden Regen fahren wir weiter bis zu einem großen Landhaus, vor dem schon ein Touristenbus parkt. Im Foyer lächeln uns Prinz Charles und andere Mitglieder der britischen High Society entgegen, die anscheinend alle schon hier gegessen haben. Wir sind gespannt auf die Speisekarte und machen es uns in einer Ecke der gemütlichen pub-ähnlichen Location gemütlich. Die besondere Empfehlung heute: Chicken Pie und Steak Sandwich! Ich esse also beglückt meine Chicken-Pie und Frank sein Steak-Sandwich. Emma, wieder munter und gut gelaunt, genießt *sweet corn and kumara.* Wir trinken Weißwein dazu und fühlen uns besser. Nach einem anschließenden Stopp an der Dump Station fahren wir den weiten, kurvenreichen Weg zurück zur Harvey Bay, wo uns ein aufgeklarter Himmel und demzufolge eine kalte Nacht erwartet.

Aber dafür: Der neue Tag begrüßt uns mit Sonnenschein, wir sind ausgeruht und startklar für eine Wanderung, die auch unser Reiseführer empfiehlt – den Nydia Walk. Allerdings werden wir nur die halbe Strecke laufen und dann wieder umkehren, normalerweise ist angedacht, bis zu einer kleinen Bucht zu wandern und sich dort von einem Wassertaxi abholen zu lassen. Da wir uns aber auf das Wetter nie verlassen können, und man das Taxi mindestens einen Tag im Voraus buchen muss, waren wir hierzu mit Emma nicht bereit. Die Wanderung ist gar nicht so ungefährlich, da der Untergrund vom Regen sehr schlammig und rutschig geworden ist. Mehrere Male falle ich beinahe hin, auch Frank tastet sich vorsichtig voran mit Emma in der Trage. Nach einer Weile wird der Wald lichter und der Untergrund trockener, wir gewinnen etwas an Höhe und

Blumen auf dem Nydia Walk

die Sonne findet den Weg durch die grünen Urwaldgewächse. Zwischen dem dichten Blätterwald sehen wir den azurblauen Sound glitzern, die Bäume mit ihren vielen Moosen und Flechten sind noch nass vom gestrigen Regen. Es riecht erdig und ein wenig modrig, in den dichteren Waldabschnitten wachsen viele Pilze. Auch hier dominieren die Baumfarne, immer wieder neu und anders und immer noch unheimlich faszinierend. Ich kann gar nicht aufhören, sie zu fotografieren. Nach etwa zwei Stunden gelangen wir an eine kleine Bucht, wie gerufen, um auf einigen quer liegenden Baumstämmen unseren Lunch zu verzehren. Emma sitzt auf meinem Schoß und spielt mit ein paar kleinen Schneckenhäusern, die sie natürlich gleich Richtung Mund führt. Nach dieser Pause kehren wir um und erreichen am frühen Nachmittag wieder das Wohnmobil, das wir am Start des Wanderweges abgestellt haben. Es ist so ein schöner Nachmittag, dass wir uns mit einer Decke aufs Gras legen und träge die in der Bucht liegenden Segelboote beobachten. An den Stelzen eines Stegs haben sich eine Menge großer siebenarmiger Seesterne festgesaugt, auch Fische aller Art tummeln sich in Ufernähe – schade, dass wir keine Angler sind. Wir trinken Tee auf der Wiese und es könnte alles so schön sein – wären da nicht die Horden von Sandflies, die uns trotz Mückenspray umschwirren und die ich ständig von Emma wegscheuche. Eine Zeitlang hält sich die Belagerung in Grenzen, aber je später es wird, desto aufdringlicher und zahlreicher werden die kleinen schwarzen Fliegen. Irgendwann geben wir auf und steuern das Wohnmobil zurück auf den Campingplatz, wo wir dann im Wagen zu Abend essen.

Queen Charlotte Sound

Dies ist unser letzter Abend auf der Südinsel, denn morgen Mittag werden wir die Fähre nach Wellington nehmen. Damit ist auch ein großer Teil unserer Reise bereits vorbei, uns bleiben nur noch knapp zwei Wochen in Neuseeland.

Es ist ein bisschen schade, dass wir nun doch relativ schnell von Ort zu Ort gehüpft sind und auch den Rest unserer Zeit hier müssen wir uns gut einteilen. Wir wollen auf der Nordinsel so wenig wie möglich herumfahren und streichen das so genannte Northland, das Gebiet nördlich von Auckland, von unserer Liste. Vielmehr wollen wir etwas länger an wenigen Orten auf der Route nach Auckland verweilen und alles etwas ruhiger angehen. Wir sind uns nicht sicher, ob wir eine Fahrt dieser Art noch einmal machen würden, das Reisen in einem Wohnmobil ist doch auch eine recht abgesonderte Angelegenheit, schön auf der einen Seite, einsam auf der anderen. Vielleicht wäre eine Mischung aus Camping und Bed & Breakfast-Übernachtungen nicht schlecht, aber für dieses Mal werden wir die Tour mit dem Camper beenden und hoffen, dass noch zwei schöne Wochen vor uns liegen.

Kapitel 12

North Island, und wieder Gestank

Die letzten Stunden auf der Südinsel! Wir fahren die pittoreske Strecke entlang des Queen Victoria Sounds nach Picton, wo wir die Fähre nach Wellington nehmen. Auf der Fähre treffen wir Marc und Valerie aus Totaranui wieder. Es wird eine lustige und gesellige Überfahrt, vor allem weil Emma sich freut, wieder andere Kinder um sich zu haben. So quietscht und brabbelt sie die ganze Zeit mit Anatol und den anderen Jungs herum und ist ganz aus dem Häuschen. Der Nachteil ist, dass wir beinahe die ganze Strecke von immerhin vier Stunden in der Kinderecke verbringen und hier unter Deck wird uns anfangs ganz schön übel. Marc und Valerie haben noch in etwa die gleiche Zeit vor sich wie wir, wollen aber zu einem Vulkan im Osten der Nordinsel und danach vielleicht noch an das Northern Top, welches wir beschlossen haben auszulassen. Valerie fragt mich über Berlin aus. „Gibt es dort viele Parks? Paris ist in vielen Bezirken ziemlich grau, wenig Bäume, keine Parks. Der Wohnraum ist knapp.“ Die beiden sind sich unsicher ob der Rückkehr nach Frankreich. „Natürlich machen wir es für die Schulbildung der Kinder, aber wir werden die Natur in Neukaledonien sehr vermissen.“ Sie überlegen auch, fort von Paris und aufs Land in Frankreich zu ziehen, aber fürs Erste werden sie wieder in die Hauptstadt zurückkehren, von der aus sie vor fast drei Jahren losgezogen sind. Antoine und Anatol machen Quatsch mit Emma, solange, bis die auf dem Boden einschläft – kaputt gespielt.

Bei der Ankunft in Wellington verabschieden wir uns von den Franzosen, wer weiß, vielleicht treffen wir sie noch einmal wieder. Sie wollen heute noch eine längere Strecke zurücklegen, wir hingegen steuern einen Campingplatz außerhalb Wellingtons an, um uns morgen die Hauptstadt anzusehen. Der Platz liegt auf einer Anhöhe mit einem schönen Ausblick auf die umliegenden Berge und ist *fully equipped*, so dass wir heute wieder einmal Wäsche waschen, das Wasser austauschen und Strom laden. So geht der frühe Abend auch schnell dahin. Neben unserem Camper steht ein großer silbergrauer Bus, ähnlich dem der beiden Rentner aus der Purakaunui Bay. Er gehört einem einheimischen Paar in unserem Alter, der Mann – Jeff – sieht mit seinem fast weißen Haar aus wie Jim Jarmusch, einer meiner Lieblingsregisseure. Er steht mit Frank und Emma vor dem Camper, als ich von einer langen und genussvollen heißen Dusche zurückkehre. „Ich bewundere gerade euer fröhliches Baby. Sie ist ja fantastisch", sagt er. Und auf meine Frage hin: „Ja, der Bus ist unser Zuhause im Moment. Meine Freundin und ich haben unser Haus verkauft und leben darin, wir sind selbständig und können überall arbeiten. Und es gibt so viel zu sehen." Die beiden würden uns gerne auf ein Bier einladen, sind aber schon in der Stadt verabredet. Es ist ein lauer Abend, und wir sitzen noch ein wenig draußen, weit und breit keine Sandflies in Sicht.

Den folgenden Tag verbringen wir in Wellington. Wir gehen ins Nationalmuseum Te Papa und erklimmen mit der Seilbahn die Spitze des Botanischen Gartens, laufen am Hafen entlang und bummeln einfach ein bisschen herum. Ich genieße es, mal wieder in einer Stadt zu sein, in der man herumschlendern und zwischendurch einen Kaffee trinken kann, und Wellington ist wirklich ein angenehmer Ort. Frank hingegen ist nicht so angetan. Der Kaffee ist ihm zu bitter, das Essen fade und das Nationalmuseum kann ihn auch nicht wirklich begeistern. Er hat wohl einfach einen schlechten Tag. „Vielleicht habe ich nur keine Lust auf Städte in diesem Urlaub, alles ist so hektisch, laut und stinkend hier." Und wirklich, das muss auch ich zugeben, nachdem wir nun so viel Natur und Ruhe erlebt haben, ist diese quirlige, große Stadt recht anstrengend. Trotzdem, mir hat dieser Tag gefallen.

Am andern Morgen kehren wir der lauten Stadt auch schon wieder den Rücken und fahren gen Norden bis zum Örtchen Okahune im Tongariro National Park. Dieser Nationalpark beherbergt gleich zwei noch aktive Vulkane, den Mount Tongariro mit einem sehr beliebten Fernwanderweg, und den Mount Ngauruhoe, besser bekannt als Mount Doom aus der Verfilmung des Herrn der Ringe. Wir steuern einen sehr einsamen, sehr schön gelegenen Campingplatz an und genießen das Abendessen trotz kühler Temperaturen im Freien.

Die Nacht allerdings ist eine der kältesten überhaupt und macht uns besonders zu schaffen, weil Emma sehr schlecht schläft. Die feuchte Kälte

Tongariro National Park – Mount Ngauruhoe

dringt durch die dünnen Fensterscheiben und die Mütze, die ich tatsächlich zum Schlafen trage, kann mich leider nicht vor einer eiskalten Nasenspitze schützen. Hinzu kommt die ständige Sorge, dass es Emma zu kalt sein könnte und sie deswegen nicht schläft, vielleicht ist es auch so, auf jeden Fall ist sie sehr unruhig. Etwas gerädert werfen wir früh am nächsten Morgen unsere Heizung an, die mehr Krach als Wärme von sich gibt. Dann fahren wir weiter bis nach Whakapapa, dem Ausgangsort für unsere Wanderung zu den Silician Rapids, Stromschnellen in der Heidelandschaft von Tongariro. Es wird langsam wärmer und ist richtig angenehm, als wir in Richtung der Rapids aufbrechen. Die Gegend hier sieht wieder einmal ganz anders aus. Karger, kälter und höher gelegen, befinden wir uns einer Heidelandschaft mit niedrigen Birkenhainen (von den Europäern eingeführt), die am Horizont von der imposanten Erscheinung des kegelförmigen Mount Ngauruhoe gesäumt wird. Dieser irgendwie unaufgeregte Landstrich gefällt mir sehr, es ist sogar schön, einmal etwas anderes zu sehen als üppige Regenwälder, und Frank und ich sind erneut beeindruckt von der Vielfältigkeit der Natur in diesem Land. Das vulkanisch aktive Gebiet, durch das wir wandern, wartet hier und dort mit blubbernden, grell gefärbten Bachläufen auf, von denen immer wieder der typische Geruch fauler Eier ausgeht, so auch an den Silician Rapids, die wir nach eineinhalb Stunden erreichen. Frank und ich genießen es, heute wieder einmal einen Rundweg gehen zu können. Auch wenn wir die berühmte siebenstündige Wanderung über die kahlen Bergrücken des Mount Tongario – Tongariro Crossing – nicht machen werden, der Abstecher in den Nationalpark hat sich für uns schon gelohnt. Emma ist trotz ihrer schlechten Nacht gut gelaunt und krächzt und kräht aus ihrer Bauchtrage heraus. Mittlerweile kann sie schon Banane essen und trinkt immer weniger Milch. Außer nachts, was mich anstrengt und was ich mir vornehme, baldmöglichst zu ändern, sprich, wenn wir wieder zuhause sind. Alle zwei bis drei Stunden geweckt zu werden, ist weder zuhause noch unterwegs ein Spaß.

Als wir von der Wanderung zurückkommen, ist es früher Nachmittag und wir beschließen, uns noch den Skiort oberhalb von Whakapapa anzusehen. Eine seltsame Vorstellung, auf einem aktiven Vulkan Ski zu laufen. Was sich uns nach einer kurvenreichen Fahrt bergauf erschließt, ist eine vollkommen unwirkliche, braune Mondlandschaft. Riesige Geröllhaufen pflastern die Bergrücken, in die man kleine Holzhütten auf Stelzen gesetzt hat, die als Winterquartiere für die Skifahrer dienen. Der zentrale Lift ist in Betrieb und wir könnten noch bis zur Bergstation fahren, aber es handelt sich um einen Sessellift ohne Abdeckung, und da es mittlerweile wieder ziemlich kalt und windig ist, fährt so gut wie kein Mensch mit – wir auch nicht. Zwei junge Männer in kurzen Hosen lassen sich allerdings nicht davon abbringen, obgleich der Liftwart ihnen durch Handzeichen aus seinem Häuschen heraus zu verstehen gibt, dass es doch recht kalt sei. Vermutlich Briten …

An der Talstation gibt es ein Restaurant mit angeschlossenem Shop, in das wir gehen und – welch eine Überraschung, Marc und Valerie mit ihren Kindern treffen. Sie sitzen an einem großen Tisch, der mit den Überresten diverser Pizzen dekoriert ist. Es gibt ein großes Hallo, die Kinder umringen uns, Emma lacht und brabbelt und Marc strahlt uns an. „Hallo, was für eine Überraschung. Ist das nicht phänomenal hier?“ Wir setzen uns zu ihnen und tauschen uns über unsere letzten Reisestationen aus. Marc und Valerie waren im Osten an einem anderen noch aktiven Vulkan, hatten aber leider Pech mit dem Wetter und konnten bei Nebel keine Wanderung unternehmen. Dafür hoffen sie jetzt darauf, mit etwas Glück die Tongariro-Crossing-Tagestour mitmachen zu können. „Wir haben vielleicht einen

Babysitter gefunden: Ein Paar, das auf demselben Campingplatz ist und sich angeboten hat, auf unsere Rasselbande aufzupassen." Aber bisher haben sie keinen Entschluss gefasst, Anatol ist noch recht klein, Valerie ist unsicher. „Aber wir würden so gerne noch eine richtig große Wanderung machen, bevor wir Neuseeland verlassen." Das kann ich gut verstehen.

Vater und Tochter

Dann wird unsere Aufmerksamkeit durch die Ankunft der zwei jungen Männer abgelenkt, die eine Stunde zuvor den Lift bestiegen hatten und die jetzt schreiend und fluchend mit knallroten Gesichtern und Beinen das Café betreten. Unter vielen Kraftausdrücken – eindeutig Engländer – verlangen sie lautstark nach etwas Alkoholischem. Emma ist fasziniert von den beiden und kann gar nicht mehr aufhören, „dadada" zu schreien und auf sie zu zeigen. Die Engländer nehmen's denn auch mit Humor, trinken einen Schnaps und ein Bier und rufen uns zu, bloß nicht den Fehler zu machen, unser Baby auf den Gipfel bringen zu wollen. Einige Zeit später verabschieden wir uns schließlich von Marc, Valerie und den vier Jungs, die weiter nach Norden fahren, wer weiß, ob wir uns noch einmal begegnen.

Auch die folgende Nacht ist eiskalt und Emma schläft wieder sehr unruhig. Um halb sieben ist sie dann auch wach und da es so dermaßen kalt ist, beschließen wir, gleich loszufahren und erst dann zu frühstücken, wenn das Wohnmobil und wir einigermaßen warm sind. Die frühe Stunde entschädigt uns dafür mit einem grandiosen Ausblick auf den Mount Ngauruhoe, dessen wolkenumhüllten Gipfel die Sonne in ein wunderbar warmes Licht taucht. Als das Wohnmobil aufgewärmt ist, halten wir am Straßenrand und kochen Kaffee. Wir wollen weiter bis nach Roturua im Osten, in der Hoffnung, der eisigen Kälte der letzten beiden Nächte zu entkommen.

Wai-O-Tapo Thermal Wonderland

Nach einer anstrengenden Fahrt erreichen wir Roturua, eine Stadt, die mit Thermalbädern und heißen Quellen aufwartet und in der es an jeder Ecke penetrant nach faulen Eiern stinkt. Der Schwefel bzw. die Erdwärme werden hier zum Heizen benutzt, weshalb es auch im Winter – das weiß ich noch von meiner ersten Reise nach Neuseeland – überall kuschelig warm ist und man gerne trotz Heizens die Fenster öffnet. In der Stadt gibt es ein sehr schönes ehemaliges Badehaus – Tudor Towers –, das heute ein Kultur- und Geschichtsmuseum beherbergt. Dazu gehört eine ausgedehnte Parkanlage, die Government Gardens, und dort liegt immer noch ein kleines Schwimmbad. Roturua ist ein Kurort, der diverse Heilbäder beherbergt. Wir aber fahren nach einem ziemlich fettigen Burger weiter ins nahegelegene Waikite Valley auf einen Campingplatz. Hier kann man die angeschlossenen Thermalquellen kostenlos mitnutzen und es ist herrlich, gemeinsam mit Emma durch das warme Wasser zu treiben. Sie hat viel Freude daran und ist hinterher völlig fertig – wir allerdings auch. In der Nacht wacht sie auf einmal auf und schreit wie am Spieß, erst nach einer Bauchmassage schläft sie unter Franks Streicheln langsam wieder ein. Vielleicht war das ausgiebige Baden im Thermalwasser doch etwas zuviel. Immerhin, es ist nicht kalt in dieser Nacht.

Dafür stinkt es schon wieder: Und zwar im Wai-O-Tapo Thermal Wonderland, einem ausgedehnten Gebiet mit brodelnden Quellen in allen Farben und Formen, das wir anderntags besuchen. Am besten gefallen mir die Tümpel mit blubberndem Schlamm, aus denen hin und wieder eine Fontäne in die Luft geschleudert wird. Ein Teil der Herr der Ringe-Trilogie wurde auch hier gedreht. Auf jeden Fall ist das ein lohnenswerter Ausflug – trotz Gestank – und macht viel Spaß.

Danach brechen wir auf zu einer langen Fahrt in Richtung Coromandel-Halbinsel an der Ostküste, wo wir die nächsten Tage verbringen wollen. Wir halten gegen Abend im Städtchen Wahie, wo wir in einem sympathischen Lokal mit die schlechteste Pizza unseres Lebens essen, dabei sahen das Restaurant und der Salat vorab durchaus viel versprechend aus. Aber die Gemüsepizza, die uns die freundliche Kellnerin bringt, ist schneckenförmig mit Remoulade überzogen, wie kommt man denn nur auf so eine Idee? Und statt Tomatensauce hat man wohl Ketchup verwendet. Da die Pizza aber recht lang auf sich hat warten lassen, essen wir sie dann doch, nachdem wir den gelben Belag heruntergeschabt haben. Die allerschlechteste Pizza unseres Lebens haben wir zwei Jahre zuvor auf Madeira gegessen, eine sehr schöne Insel mit teilweise überraschend miserabler Küche. Ich erinnere mich an ein nett aussehendes Lokal, in dem eine ebenso nett aussehende Pizza ungelogen schmeckte wie Pappkarton, was dazu führte, dass wir damals keine Experimente mehr wagten und immer im gleichen Restaurant zu Abend aßen.

Wir übernachten auf einem DOC-Platz in Wentworth-Valley – das bereits zur Coromandel-Peninsula gehört. Wieder wird es dank Emma eine unruhige Nacht, so dass wir langsam und gerädert in den nächsten Tag starten. Ich werde unbedingt bald abstillen und ein Schlafprogramm mit ihr durchführen. An diesem Tag machen wir nur eine kleine Wanderung zu einem Wasserfall und entspannen danach auf einer großen, grünen Wiese. Dabei sehen wir zufällig in der Astgabel einer großen Buche eines der niedlichen, hierzulande so ungeliebten Possums, das mit seinen großen Augen herum stiert. Eine Australierin gesellt sich zu uns. „Sie sind so drollig, nicht wahr? In Australien stehen sie unter Artenschutz. Es bricht mir beinahe das Herz, dass sie hier so verabscheut werden.“ Andererseits kann sie natürlich verstehen, dass das putzige Raubtier in Neuseeland nicht willkommen ist, trotzdem stimmt es sie traurig. Uns auch – ein wenig – denn es ist wirklich zu süß.

Kapitel 13

Coromandel – wilde Tripps und ruhige Tage

Dann ist Karfreitag. Wir fahren an die Küste nach Whitianga auf einen voll ausgestatteten Campingplatz und beschließen, einen Trip in einem Glasbottomboat in Richtung Cathedral Cove und Hot Water Beach – zwei Touristenhighligts – zu machen. Die sogenannte Cathedral Cove ist eine kuppelförmige Höhle am Strand, in deren Innerem man sich tatsächlich ein wenig vorkommt wie in einer Kirche. Sie liegt unweit vom Hot Water Beach, einem Strand, unter dem heiße Quellen verlaufen. Wenn man mit einem Spaten oder auch nur mit bloßen Händen ein Loch gräbt, füllt sich dieses bald mit heißem Wasser und bietet – gemischt mit einströmendem Meerwasser – ein wunderbares Badewannenerlebnis. Die Tour, für die wir uns entschieden haben, wird uns in Richtung Cathedral Cove tragen, die wir dann von der See her bestaunen können.

Frank packt Emma in die Bauchtrage und wir besteigen das kleine Glasbottomboat, es wird eine denkwürdige, wilde Fahrt. Mit uns an Bord sind ein paar Engländer und ein Pärchen aus Südkorea. Der Bootsführer ist ein junger Kiwi, der nur schwer zu verstehen ist. Die See ist heute rau, was dazu führt, dass wir leider nicht viel sehen unter dem gläsernen Boden, aber einige große Snapper sind bei unserem ersten Stopp dann doch auszumachen. Viel aufregender aber ist das Tempo, mit dem das kleine Boot über die Wellen hüpft. Wir klammern uns an der Reling fest, aber mir ist ehrlich gesagt schon nach kurzer Zeit total übel. Nachdem wir die Küste vor Hot Water Beach entlang gebraust sind, steuert unser Bootsführer eine kleine Höhle in der Steilküste an und bringt das Boot so kurz vor den aufragenden Steilwänden in ihrem Innern zum Stehen, dass ich die Augen schließe. Als wir nach einer Stunde wieder in den Hafen von Whitiaga einlaufen, bin ich – und allen andern Passagieren geht es, glaube ich, genauso – heilfroh, gleich wieder festen Boden unter den Füßen zu haben. Ich muss aber zugeben, dass die wilde Fahrt auch sehr viel Spaß gemacht hat – Emma fand es offenbar super, sie hat die ganze Zeit gelacht und gequietscht. Der Bootsführer war sich seiner

Sache außerdem sehr sicher und machte einen erfahrenen Eindruck, aber dieses Erlebnis fällt für mich eindeutig unter die Kategorie „höher, schneller, weiter“ in Neuseeland.

Nach einer lärmigen Nacht, in der wir wilden Suffgesängen unserer proligen Campnachbarn gelauscht haben, fahren wir am nächsten Morgen zuerst weiter nach Coromandel Town, um zu lunchen und einzukaufen. Danach geht es weiter nach Stony Bay – einmal längs über die Hügel der Halbinsel bis ganz nach Norden, dort gibt es einen kleinen DOC-Campingplatz, den wir ansteuern. Die Fahrt gestaltet sich wieder sehr lang und abenteuerlich, vor allem gegen Ende, als die kurvenreiche Schotterpiste beinahe schmaler wird als unser Camper. Emma ist jedoch entspannt, was die Hauptsache ist. Wenn sie nicht gerade schläft, schaut sie sich während unserer Fahrten jetzt immer begeistert ihre kleinen Bilderbücher an und kann gar nicht genug davon bekommen. Nachdem wir eigentlich sicher waren, schon vollkommen gesättigt zu sein von atemberaubenden Panoramen, überzeugt uns dieser Weg wieder einmal vom Gegenteil. Die Coromandel-Peninsula ist wohl nicht umsonst auch bei den locals besondern beliebt. Die hügelige Landschaft mit Blick auf das Meer und die golden schimmernden Buchten machen einfach auch hier wieder einen sensationellen Eindruck. Der Campingplatz in Stony Bay entpuppt sich als der bisher abgelegenste und auch als einer der schönsten. Wir treffen vor allem auf Einheimische, die hier das Osterwochenende verbringen. Es ist ein großer Platz mit mehreren Toilettenhäuschen – Plumpsklos natürlich – und einem breiten Strand, der sich in die Bucht schmiegt. Hier kann man den Coromandel Coastal Walkway wandern.

Wir parken den Camper an einem kleinen Fluss, der von riesigen Pohutekawa-Bäumen gesäumt ist, die sehr verwunschen wirken. Neben uns hat eine Familie aus Auckland ihre Zelte aufgebaut, inklusive Wohnzimmermöbeln und Fernseher. Es sind ein Mann und eine extrem füllige Frau um die Fünfzig mit ihrem Sohn und dessen Freundin. Das Ehepaar erzählt uns, dass sie schon seit über 30 Jahren hierher zum Campen kommen. Vater und Sohn gehen dabei gerne zum Fischen und früher, so die dicke Dame, sei auch sie noch gewandert, was sie jetzt aufgrund ihrer Leibesfülle nicht mehr schaffe. Die Freundin des Sohnes wird von ihr komplett ignoriert und etwas abfällig als *his partner at the moment* vorgestellt. Der Freundin scheint das aber egal zu sein, oder sie ist wirklich hart im Nehmen.

Die Campinggemeinde auf diesem Platz kennt sich wohl zum großen Teil schon ziemlich lange, aber es sind auch einige Ausländer hier, darunter eine vierköpfige holländische Familie, die vor einem Jahr nach Neuseeland ausgewandert ist. Der Vater ist Handwerker und hat ohne Probleme ein Visum bekommen, und die beiden Kinder im Teenageralter – ein Junge und ein Mädchen – scheinen recht schnell und unproblematisch schon zu halben Kiwis geworden zu sein. Die beiden rennen den ganzen Tag im wetsuit herum und zeigen uns zwei riesige Aale, die in dem kleinen Fluss leben und so zahm sind, dass man sie streicheln kann. Auch Emma sieht die Aale und ist ganz aufgeregt. Später sitzen wir bei milder Abendsonne noch draußen und verbringen eine ruhige Nacht.

Ostersonntag! Wir machen eine kleine Wanderung entlang des Coastal Walkway bis zu einem Aussichtspunkt und zurück, danach entspannen wir. Die Nachbarn aus Auckland haben frischen Snapper gefangen und schenken uns einige Filets, die wir in Weißwein garen – unvergleichlich gut! Nie wieder habe ich seitdem so köstlichen Fisch gegessen, weil er wohl nie wieder so frisch war. Wir haben den Camper jetzt umgestellt und stehen direkt am Strand. Neben uns parkt ein junges Pärchen aus Mexiko. Maria und Ricardo sind mit einem Working-Holiday-Visum unterwegs und haben zuletzt auf einer Kiwiplantage gearbeitet. Sie erzählen uns über die Schwierigkeit, als Mexikaner ein solches Visum zu bekommen: im Vergleich zu anderen Herkunftsländern ein sehr langwieriger und aufwendiger Prozess. Die beiden spielen eine Weile mit Emma, die sehr gut gelaunt ist. Frank hat leider einen fürchterlichen Reizhusten, der ihn vor allem nachts plagt. In Coromandel Town haben wir deshalb in einer Apotheke Hustensaft gekauft. Frank war zunächst unsicher, ob er das Medikament wirklich einnehmen soll, da es laut Beipackzettel unter anderem Morphium enthält. Aber in der folgenden Nacht kommt der Saft doch zum Einsatz, mit dem Ergebnis eines absoluten Tiefschlafs, in dem auch Emmas Geschrei nicht die geringste Wirkung bei Frank zeigt. Nach ein paar Tagen ist der Husten verschwunden.

Coromandel – Stony Bay Campsite

Vier sehr entspannte Tage in Stony Bay, dann brechen wir wieder auf. Ich bin froh, dass wir nun am Ende unserer Reise noch einmal eine wirklich erholsame Zeit hatten, in der wir die schöne Landschaft genießen konnten. Die Tage hier haben uns sehr gut getan, und es sind ja auch beinahe schon unsere letzten in Neuseeland. In drei Tagen fliegen wir von Auckland über Bangkok zurück nach Berlin.

Doch zuerst verbringen wir noch eine Nacht in Kaueranga Valley am südlichen Ende der Coromandel Peninsula. Die Fahrt zurück von Stony Bay über das kleine Städtchen Thames bis dorthin dauert wieder fast den ganzen Tag. Aber wir gehen es gemütlich an mit vielen Pausen, einem leckeren Pie-Lunch und vielen Stopps zum Fotografieren, Einkaufen und Windeln wechseln. Im Kaueranga Valley sind wir zum letzten Mal auf einem DOC-Campingplatz. Heute abend grillen wir Burger und stellen fest, dass es in diesem Tal und mitten im Wald auf einmal wieder ganz schön kalt ist.

Und dann habe ich Geburtstag. Der Camper wird früh gestartet und wir fahren nach Thames zum Frühstücken in einem netten kleinen Café. Hier kommen wir mit einem Paar aus Israel ins Gespräch, das ebenfalls mit Baby unterwegs ist. Emma und das andere kleine Mädchen finden sich anscheinend gegenseitig sehr interessant, es sieht aus, als würden sie sich bestens unterhalten und miteinander amüsieren. Sie tauschen Schnuffeltuch gegen Schnuller und wieder zurück, nachdem wir uns zu den beiden Israelis an den Tisch gesellt haben. „Alle Deutschen ziehen mit ihren Babies los, scheint mir. Ihr seid sicher auch in der Elternzeit oder?" Die beiden haben sich eine Auszeit genommen, um hierher zu reisen, Rivka hat momentan keinen Job, Michael wird nach einem Sabbatical wieder an der Uni in Tel Aviv arbeiten. Auch sie waren zwei Monate in Neuseeland unterwegs und wollen noch nach Thailand. Wir stellen fest, dass wir zeitgleich in Bangkok sein werden und verabreden uns. Mal sehen, ob das klappt. Dann verabschieden wir uns, da ich heute einen Ausritt durch das Kaueranga Valley reserviert habe.

Es dauert eine ganze Weile, bis wir den vereinbarten Treffpunkt finden, da ich mir offensichtlich etwas falsch notiert habe. Wir fahren dreimal hin und zurück durch beinahe das gesamte Valley, doch als wir schon aufgeben und nach Thames zurückkehren wollen, sehen wir eine hochgewachsene Frau am Straßenrand, die uns zuwinkt. Sie ist unverkennbar eine Frau mit Maoriwurzeln, die sich als Vicky vorstellt. Ihre Freundin Sandra wird ebenfalls an dem Ausritt teilnehmen. Ich bekomme einen braunen Wallach namens Tim und merke, dass ich ganz schön aufgeregt bin. Zuletzt habe ich vor etwa fünf Jahren auf einem Pferd gesessen und auch das war eine Ausnahme. Regelmäßig geritten bin ich nur als Teenager.

Am Anfang bin ich wohl auch recht versteift, aber nach etwa einer Viertelstunde bescheinigt mir Sandra mit einem „Yeah, now she's got it", dass ich mich allmählich entspanne auf Tims Rücken. Wir reiten durch den Wald und durchqueren ein schmales Flussbett. Einer der kleinen hübschen Fächerschwanzvögel – ein Fantail – folgt uns, worüber ich mich immer freue. Es sind etwa meisengroße Vögel mit grauschwarzem Gefieder, die gerne den Wanderern nachfliegen und dabei die Insekten fangen, die sie umschwirren. Das Auffälligste an dem kleinen Vogel ist sein beeindruckender fächerförmiger Schwanz, daher der Name. Sandra jedoch mag den Vogel anscheinend überhaupt nicht. Sie dreht sich zu mir um und erklärt: „Die Fantails stehen in der Mystik der Maori für die Kraft, die den Tod repräsentiert, und können vor allem dann Unglück bringen, wenn sie sich in ein Haus verirren. Laut einer Legende wollte der

Halbgott Maui den Tod überwinden, indem er den Körper der Todesgöttin Hine-nui-te-po durchquerte. Sein Gefährte jedoch, ein kleiner Fantail, warnte die schlafende Göttin, die daraufhin erwachte und Maui in ihrer Wut tötete." Vicky und Sandra erzählen mir noch einige Maorilegenden während unseres Ausritts, der uns vom Wald zurück auf die offenen Wiesen des Valleys führt, wo wir von einem leichten Trab schließlich in den Galopp übergehen und Tim richtig Gas gibt. Das ist doch immer von neuem ein großartiges Gefühl, denke ich und nehme mir vor, auch zuhause wieder mit dem Reiten zu beginnen.

Frank wartet mit dem Wagen unterdessen am Straßenrand auf uns. Als wir zurück auf die Koppel reiten, kommt er mit Emma zu uns herüber. „Nein, wie entzückend!" Vicky nimmt Emma auf den Arm. Wir müssen ihr versprechen, am nächsten Morgen an ihrem Haus vorbei zu fahren, wo sie ein verziertes Hufeisen für Emma deponieren wird. „Vergesst es nicht!", ruft sie uns winkend hinterher, als wir wieder in den Camper steigen.

Ich werde noch eine Woche später Muskelkater haben.

Emma am Steuer

Kapitel 14

Abschied und Rückflug

An diesem Abend grillen wir unsere letzten Steaks in Neuseeland am offenen Feuer. Ich kann gar nicht glauben, dass wir uns übermorgen schon auf den Rückweg machen, wobei wir dieses Mal noch ein paar Tage Aufenthalt in Bangkok haben. Wir reden darüber, was von dieser Reise bleiben wird. Bedauern wir, dass sie nun zu Ende geht? Wir haben eine Überdosis überwältigend schöner Natur gesehen und erfahren, haben viele Stunden alleine mit uns und Emma verbracht und das meist genossen, aber manchmal auch die Gesellschaft von Freunden vermisst. Die Enge des Wohnmobils ist uns oft auf die Nerven gefallen, was jedoch auch viel mit dem unbeständigen Wetter zu tun hatte. Generell ist diese Art zu reisen weniger idyllisch und romantisch, als ich sie mir vorgestellt habe, und vielleicht ist es auch das Unterwegssein mit einem Baby/Kleinkind, an das ich mich erst noch gewöhnen muss. Trotzdem war es eine einzigartige Reise, die weder Frank noch ich missen möchten und die uns sicher noch lange begleiten wird. Der Kultur der Maori haben wir uns kaum genähert, was ich gerade nach meinem kürzlichen Erlebnis mit Vicky und Sandra etwas schade finde, aber vielleicht kommen wir ja noch einmal wieder. Wir hatten schöne Begegnungen mit anderen Reisenden und Einheimischen, aber sie waren auch fast immer zu kurz. Es ist ein Abschied mit gemischten Gefühlen. Einerseits würden wir gerne noch bleiben und die Teile Neuseelands sehen, zu deren Erkundung wir nun keine Zeit mehr haben, andererseits freuen wir uns auch beide auf die Großzügigkeit unserer Altbauwohnung und den Komfort, den der Camper nun mal nicht bietet. Ich bin mir jedoch sicher, dass wir uns bereits nach kurzer Zeit zuhause wieder hierher zurücksehnen werden, in die Ruhe und Weite der Natur dieses Landes.

Doch zunächst einmal brechen wir am folgenden Morgen auf in Richtung quirliges Metropolen-Neuseeland, indem wir den Highway nach Auckland nehmen. Zuvor haben wir bei Vicky ein mit vielen Schleifen und Perlen verziertes Hufeisen für Emma abgeholt, das sie in ihrem

Briefkasten für uns hinterlegt hatte. In einem Vorort von Auckland besuchen wir heute noch Hedi, eine Cousine von Franks Mutter, die schon vor langer Zeit hierher ausgewandert ist und ein Restaurant leitet. Nach einem gemütlichen Kaffeeklatsch stehen wir dann endlos im Stau und Emma schreit. Wir kommen erst recht spät am Campingplatz unweit des Flughafens an, müssen noch aufräumen, waschen und packen. Ein anstrengender Abend und eine regnerische letzte Nacht in Neuseeland.

Der Tag der Abreise! Er gestaltet sich mit Camperrückgabe, Check-in und dem üblichen Abreisedurcheinander wie erwartet recht stressig, aber immerhin, wir können ohne Probleme gleich bei Thai-Airways einchekken und bekommen sogar eine Babywanne. Nach dem elfstündigen Flug sind wir wieder völlig gerädert und Emma, die an Bord ganz friedlich war, schreit den ganzen Weg über im Taxi, als wir in Bangkok am späten Nachmittag in unser Hotel fahren. Nach vier Tagen soll es weitergehen. In der Stadt sind Unruhen, seit Wochen protestieren die Rothemden gegen die Regierung, viele Straßenzüge sind gesperrt und die Hochbahn fährt nicht. Unser Hotel liegt in einem Business-Distrikt, ein Hochhaus mit Pool im achten Stock, das wir erst einmal seltsam finden. Wie sind wir nur darauf gekommen?

Eigentlich liebe ich Bangkok. Vor einigen Jahren habe ich hier in einem kleinen Backpacker-Hostel abseits der Touristengebiete übernachtet, eine einfache Unterkunft, nicht klimatisiert, gemütlich mit netter Gesellschaft. Mit Emma jedoch waren Frank und ich der Ansicht, etwas mehr Komfort könne nicht schaden. In unserem Hotel wohnen vor allem Geschäftsleute mittleren Alters und auffallend viele junge Thai-Männer, die sich den ganzen Tag am Pool vergnügen und gegen Abend mit den älteren Herren losziehen. Wir werden ganz schön beäugt, als wir mit Emma in den Pool steigen, Schwimmen mit kleinen Kindern ist hier unüblich. Davon abgesehen scheint das Hotel aber für die paar Tage doch ganz in Ordnung. Das Apartment ist großzügig, klimatisiert und das Essen gut. Außerdem fühlen wir uns zunächst noch so erschöpft, dass wir ohnehin nur ausruhen wollen. Emma wacht um vier Uhr morgens auf und lässt uns in einen anstrengenden Tag starten. Wir spazieren durch die Umgebung und essen zweimal in kleinen Lokalen am Straßenrand. Für Frank ist es der erste Aufenthalt in Bangkok und wäre es nicht einfach viel zu heiß für sein Empfinden, könnte ihm die Stadt wohl auch durchaus gefallen. Aber dieser Tag ist für uns alle eine Qual. Schon nachmittags schlafen wir ein.

Der nächste Tag gestaltet sich dann besser. Wir haben bis sechs Uhr geschlafen und fahren am späten Vormittag mit dem Tourist Boat zum Grand Palace. Die schwüle Hitze ist ungewohnt, aber im Gegensatz zu Frank liebe ich sie einfach. Für ihn wird es zusätzlich unangenehm, da er Emma in der Bauchtrage dabei hat und sie sehr schnell nassgeschwitzt ist. Emma selbst, um die wir ziemlich besorgt sind ob der ungewohnten Hitze, findet es aber wohl alles ganz in Ordnung. Als wir in einem Straßencafé zu Mittag essen, kommen wieder mehrere Frauen an und albern mit ihr herum. Es ist wirklich sehr heiß und wir sind froh, als wir am Nachmittag im Tempel von Wat Pho in einem klimatisierten Häuschen pausieren, wo Frank sich massieren lässt. Hier in der Hochburg der traditionellen Thai-Massage ist schon alles für das demnächst stattfindende thailändische Neujahrsfest geschmückt: Songkran, so heißt eines der bedeutendsten Feste im Land, das drei Tage lang mit Umzügen und viel Wasser – ein großes Vergnügen vor allem für die Kinder – gefeiert wird. Wir treffen unterwegs auf Frauen, die mit großen Töpfen mit Talcumpuder herumgehen und auch uns das Gesicht anmalen – ebenfalls eine Songkran-Tradition, die ursprünglich aus Burma stammt.

Der gesamte Innenbereich des Tempelareals von Wat Pho ist geschmückt und überall sind kleine Verkaufsstände aufgebaut, aus denen es verlockend duftet. Ich schlendere ein wenig umher, während Frank sich bei der Massage entspannt, und nasche Obst – erstaunlich viele Erdbeeren – und andere Leckereien. Zurück im Massagestudio bekommt Emma eine Fußmassage von einer freundlichen älteren Dame, da Frank noch nicht fertig ist.

Im Hotel bestellen wir uns dann westlich-dekadent ein Club-Sandwich aufs Zimmer, das richtig lecker ist.

Noch ein Tag, bevor wir endgültig nach Hause fliegen. Wir haben uns per Email mit Michael und Rivka verabredet, die in der Nähe der khao san road wohnen. Aber wegen der andauernden Unruhen wird uns im Hotel geraten, nicht in die Gegend zu fahren und so sagen wir unser Treffen ab. Den beiden scheint es auch nicht ganz unrecht zu sein und wir bleiben heute an unserem Pool. Eine Woche später wird ganz in der Nähe ein Brandsatz detonieren, bei dem mehrere Menschen verletzt werden. Wir aber erreichen am nächsten Tag ohne Probleme den Flughafen und erleben einen angenehmen Flug nach Berlin.

Dort ist der Himmel grau, es ist kalt und windig und Alex hat den Saab mitgebracht. Willkommen zuhause!

Anhang

Informationen und Tipps

Ihr plant eine Reise nach Neuseeland mit Baby oder Kleinkind? Dann findet ihr hier einige interessante Informationen und Tipps zur Reiseplanung und unsere ganz persönlichen Empfehlungen für Aotearoa. Die Erinnerungen an eine große Reise verlieren zwar nie an Aktualität, aber die Gegebenheiten vor Ort können sich auch mal ändern. Die folgenden Tipps und Adressen sind auf dem aktuellen Stand vom Mai 2016.

Reiseplanung

Grundsätzlich werdet ihr euch fragen, ob ihr mit eurem Baby oder Kleinkind tatsächlich die lange Flugreise nach Neuseeland aufnehmen wollt. Wenn ihr diese Frage mit Ja beantwortet, ist die erste Hürde bereits genommen und ihr könnt mit der Detailplanung beginnen: Wann und wie lange möchtet ihr reisen? Wollt ihr ein Wohnmobil mieten oder mit lieber mit einem PKW flexibel sein bei der Wahl der Übernachtungsmöglichkeiten?

Wichtig ist, rechtzeitig mit der Planung zu beginnen, denn Neuseeland wird als Reiseziel vor allem für Wohnmobilreisende immer beliebter. Das gilt auch für Familien mit Kindern, die gerne die größeren Campervarianten mieten. Hochsaison ist der dortige Sommer von Dezember bis Februar, und vor allem bis Mitte Januar kann es in Touristengebieten recht voll werden, was sich auch in den Preisen für Fahrzeuge und Übernachtungen niederschlägt. Plant ihr, in dieser Zeit zu reisen, solltet ihr euch mindestens ein halbes oder dreiviertel Jahr vorher mit der Buchung von Flügen und Camper beschäftigen. Auch die nachfolgenden Monate März und April sind beliebte Reisemonate, aber die Einheimischen haben keine Ferien mehr und es geht ruhiger zu.

Routenplanung

Hier kommt es natürlich auf eure individuellen Wünsche und Vorlieben an. Als grobe Richtlinie sei gesagt, dass wir sehr viele Mitreisende getroffen haben, die die Südinsel wie wir von Christchurch aus im Uhrzeigersinn umrundet haben, um dann die Nordinsel zu bereisen und von Auckland aus zurückzufliegen. Oft werden etwa 6 bis 8 Wochen für beide Inseln angesetzt, wobei viele etwas mehr Zeit für die Südinsel einplanten.

Flug und Einreise

Bei der Flugbuchung müsst ihr euch überlegen, ob ihr tatsächlich in einem Rutsch bis nach Neuseeland durchfliegen wollt, oder ob ein Stop-Over – vielleicht für einige Tage – sinnvoll ist. Wir haben feststellt, dass ein mehrtägiger Zwischenaufenthalt Entspannung bringt, auch wenn man natürlich mit dem Jetlag zu kämpfen hat. Die reine Flugzeit von Deutschland nach Neuseeland beträgt mehr als 24 Stunden und ein- oder zweimal muss man ohnehin umsteigen/landen. Vielleicht ist es auch eine schöne Variante, gleich noch ein oder zwei Wochen in Asien anzuhängen. Auf Langstrecken bieten alle Airlines die sogenannte Baybywanne für Babies an. Diese zu reservieren ist sicher sinnvoll. Ansonsten fanden wir es sehr angenehm, die Babyschale auf den Nachbarsitz haben zu können, wenn Flug nicht ausgebucht und der Nebensitzer flexibel ist.

Für die Flugreise packt ihr am besten alles ein, was ihr für die Zeit bis zur Ankunft benötigt, also Windeln, Feuchttücher, Babyfläschen und Nahrung, Schnuller (plus Ersatzschnuller), Spielzeug, Wechselwäsche, Kuscheltücher und was das Babyherz sonst noch begehrt. Eine Bauchtrage für den bequemen Transport im Flughafengebäude hat sich auch bewährt. Nasentropfen wirken gut gegen Druckausgleichprobleme bei Start und Landung, falls euer Kind erkältet ist, auch hat sich das Stillen immer als sehr praktisch erwiesen. Wir sind mit drei verschiedenen Airlines geflogen und überall war das Personal an Bord sehr zuvorkommend gegenüber uns und unserem Baby.

Für die Einreise nach Neuseeland benötigt ihr als EU-Bürger kein Visum bei einem Besuch für bis zu 90 Tagen, aber einen über den Aufenthalt hinaus noch mindestens einen Monat lang gültigen Reisepass. Babies und Kleinkinder benötigen einen eigenen Kinderreisepass mit biometrischem Foto. Die Ausstellung desselben ist unkompliziert und erfolgt sofort. Nur falls ihr eine Anreise mit Stop-Over in den USA plant, benötigt euer Kind einen richtigen E-Reisepass, dessen Ausstellung einige Wochen dauert.

Wertvolle Hinweise gibt hierzu immer die Homepage des Auswärtigen Amtes (www.auswaertiges-amt.de).

Achtung: Nach Neuseeland dürfen keine pflanzlichen oder tierischen Produkte eingeführt werden. Das gilt mit Ausnahmen auch für Babynahrung. Diese solltet ihr daher am besten vorher aufbrauchen oder an Bord zurücklassen. Benötigt ihr spezielle Medikamente, so sind diese gesondert aufzuführen. Im nächstgelegenen Supermarkt könnt ihr dann eure Vorräte schnell wieder auffüllen. Angeblich muss man bei der Einreise auch einen Nachweis über ausreichende finanzielle Mittel erbringen (als ausreichend werden wohl 1.000 NZD pro Monat angesehen), ich habe aber noch keine Person getroffen, die danach gefragt wurde.

Gesundheit unterwegs

Hier ein paar Tipps zum Inhalt einer Reiseapotheke für Familien mit kleinen Kindern – solltet ihr etwas davon vergessen haben oder euch etwas ausgehen, so kann in Neuseeland auch jederzeit alles Notwendige gekauft werden:

> Fieberzäpfchen, Fiebersaft, Fieberthermometer, ein Mittel gegen Koliken/Blähungen, Fenchel-Kümmelöl gegen Bauchschmerzen, Thymianbalsam für das erkältete Baby, Nasentropfen für Säuglinge und Kleinkinder, eine Elektrolytlösung für den Fall einer Dehydrierung, Wundschutzcreme, Antipilzcreme (Multilind o.ä.), Zahnungsglobuli – damit haben zumindest wir gute Erfahrungen gemacht – Vitamin D oder Fluoridtabletten, eine Creme zur Linderung von Insektenstichen, ein Antiallergikum zum Einnehmen, Augentropfen für den Fall einer Bindehautentzündung.

Und natürlich kann auch in Neuseeland die homöopathische Hausapotheke zum Einsatz kommen. Wirksamen Insektenschutz kauft man am besten vor Ort, denn hier gibt es verschiedene natürliche Präparate, die auch an Kleinkindern angewendet werden können und trotzdem gut sind. Für eventuelle Arztbesuche solltet ihr eure Impfpässe und vor allem den eures Kindes dabei haben!

Wir haben die Reise vorab mit unserer Kinderärztin besprochen, die uns noch den ein oder anderen wertvollen Tipp mit auf den Weg gab.

Der Abschluss einer guten Auslandskrankenversicherung mit Bergungs- und Rückholservice ist in jedem Fall zu empfehlen. Arztkosten sind in Neuseeland in der Regel vorzustrecken, man geht zuerst zum Allgemeinmediziner, der einen gegebenenfalls zum entsprechenden Facharzt überweist.

Kleidung

Um gesund zu bleiben, ist auch die richtige Kleidungswahl von Bedeutung, am ehesten empfiehlt sich hier der Zwiebellook. Viele einzelne Lagen, die variabel genug sind, um jedem Wetter zu trotzen, und das kann sich in Neuseeland sehr schnell ändern. Die Nächte im Wohnmobil können auch im Sommer recht kühl werden. An kühlen Tagen haben wir Emma in ihren Anzug aus Baumwollfleece gepackt, und gegen die starke Sonneneinstrahlung hat sich lange Kleidung und ein Sonnenhut als wirksamster Schutz erwiesen. Ein Baby, das noch nicht mobil ist, benötigt wesentlich weniger Kleidung als ein Krabbelkind, das auch den matschigsten Boden erkunden möchte.

Unterwegs in Neuseeland – das richtige Wohnmobil finden

Sowohl Frank als auch ich waren sehr froh darüber, für die erste Woche eine feste Unterkunft gebucht zu haben, so dass wir den Jetlag auskurieren und erst einmal ankommen konnten. Auch für Emma war diese Zeit sehr wichtig.

Das Fahren im ungewohnten Linksverkehr haben wir in der ersten Woche mit einem PKW „geübt", bevor Frank anfing, das 5,50 Meter lange Wohnmobil durch die Straßen zu steuern. Aber das kann und soll jeder für sich selbst entscheiden.

In Neuseeland gibt es zahlreiche Campervermietungen. Dabei reicht die Bandbreite der Fahrzeuge von der VW-Bus-Größe bis zum 6-Bett-Wohnmobil mit Küche, Bad, Heizung, TV und Mikrowelle. Viele Anbieter haben vor allem neuwertige Fahrzeuge in der Flotte, was das Mieten für einen längeren Zeitraum auch schnell sehr kostenintensiv macht. Aber es gibt auch Unternehmen mit älteren Fahrzeugen, die immer noch gut in Schuss, dafür um einiges günstiger sind. Auch hier kommt es ganz auf eure Wünsche und Vorlieben an. Manchmal liegt das Mindestalter für Fahrzeugführer bei 25.

Folgende Überlegungen haben uns bei der Entscheidung geholfen:

- Wir wollten ausschließlich im Wohnmobil übernachten und hatten kein zusätzliches Zelt dabei, weshalb wir nach einem größeren Fahrzeug suchten
- Bei schlechtem Wetter hält man sich viel im Camper auf
- Auch das Baby benötigt einen sicheren und ausreichend großen Schlafplatz
- Die einfachen Campingplätze bieten außer einem Plumpsklo keine sanitäre Ausstattung; Bad und Dusche an Bord haben uns gute Dienste geleistet
- Die Toilette an Bord war vor allem in der Nacht ein Segen
- Eine vollausgestattete Küche macht das Leben deutlich leichter

Ein weiteres Kriterium bei der Wahl des richtigen Campers war für uns die Sitzaufteilung. Wir fanden am Ende nur eine Fahrzeugmarke, bei der es möglich war, dass wir alle drei nebeneinander in der Fahrerkabine sitzen konnten. Die Babyschale konnte ausschließlich ganz links befestigt werden. Die meisten Wohnmobile sehen nur zwei Sitzmöglichkeiten im vorderen Bereich vor, darüber hinaus dürfen Kindersitze häufig nicht auf den Vordersitzen befestigt werden. Es gibt jedoch zahlreiche Modelle, bei denen Sitze direkt hinter der Fahrerkabine positioniert sind, so dass eine ausreichende Kommunikation während der Fahrt immer noch möglich ist.

Falls ihr mit mehr als einem Kind reist, ist auch die Zahl der Kindersitzbefestigungen bzw. Möglichkeiten dazu von Bedeutung. Manche Fahrzeuge bieten auch eine Markise für den Außenbereich. Schließlich entschieden wir uns für ein etwas älteres 4-Bett-Wohnmobil von United Campervans, die inzwischen vom THL-Konzern geschluckt wurden, zu dem auch Britz, Maui, Alpha und Kea gehören. Wir buchten das Wohnmobil über ein deutsches Reisebüro, natürlich geht das auch direkt, aber die persönliche Beratung hat uns sehr geholfen. Deswegen sei an dieser Stelle der auf Australien, Neuseeland und Namibia spezialisierte Reiseanbieter T-S-A-Travel mit Sitz in Süddeutschland empfohlen, dessen Mitarbeiter uns telefonisch und per Email umfassend beraten haben. Bekannte von uns haben gute Erfahrungen mit Boomerang-Reisen gemacht, ebenfalls Spezialisten für Reisen nach Ozeanien.

Mobilfunk/Internet

Um auch während eurer Reise mobil erreichbar sein zu können, könnt ihr euch eine neuseeländische Prepaid-SIM-Karte holen. Diese gibt es von Vodafone, Telecom New Zealand oder 2degrees. Angeblich besitzt Vodafone NZ die beste Netzabdeckung.

Falls ihr unterwegs surfen wollt, ohne auf WLAN-Spots angewiesen zu sein, so gibt es ebenfalls einige Varianten, die ihr am besten direkt bei den Mobilfunkanbietern erfragt. Ansonsten gibt in größeren Städten diverse kostenlose Wi-Fi-Spots. Verlässlich fündig werdet ihr auf jeden Fall in öffentlichen Büchereien (und bei McDonalds), darüber hinaus natürlich auch in vielen Cafés, Restaurants, Hostels, B&Bs und den zahlreichen I-SITES. Die großen Campingplätze wie die der Top-10-Holiday-Parks bieten ebenfalls Wi-Fi.

Die generelle Netzabdeckung in Neuseeland ist nicht mit der in Deutschland zu vergleichen, außerhalb von Ortschaften ist das Netz schnell in Gänze verschwunden. Das kann bisweilen etwas nerven, ist aber eigentlich auch ein erfrischend unabhängiger Zustand.

Campingplätze

Neuseeland ist voll von landschaftlich wunderschön gelegenen Campinglätzen aller Art. Die Einrichtung kann allerdings sehr unterschiedlich ausfallen. Es gibt zum Beispiel die vollausgestatteten und daher auch kostenintensiveren Top-10-Holiday-Parks, aber auch viele schöne Plätze von unabhängigen Betreibern.

Eine ganz gute Übersicht gibt es unter www.nzcamping.co.nz. Die landschaftlich am schönsten gelegenen Campgrounds betreibt unserer Meinung nach das Department of Conservation, die Bandbreite reicht hier von Campingplätzen mit modernen, sanitären Anlagen, Kochmöglichkeiten und einer Dump Station bis hin zu den ganz einfachen Plätzen, die nur ein Plumpsklo und kein Trinkwasser bieten – und das waren meist die allerschönsten! Einen Überblick über die Campingplätze des Department of Conservation gibt es hier: www.doc.govt.nz. Ein gedrucktes Verzeichnis gibt es in Neuseeland in jedem Infocenter des DOC, den sogenannten I-SITES/Visitor Information Center.

Eine weitere gute Übersicht bietet die kostenlose App Camper-Mate (www.campermate.co.nz), worüber man öffentliche Toiletten, Mülltonnen, Campingplätze, Wi-Fi-Spots und Supermärkte finden kann. Die App kann durch eigene Beiträge ergänzt werden.

Die schönsten DOC-Campingplätze auf der Südinsel, auf denen wir übernachtet haben (in der Reihenfolge, in der wir sie besuchten):

- Trotters Gorge Campsite, Moeraki Area
- Tawanui Campsite, Catlins Conservation Park, Otago Area
- Purakaunui Bay Campsite, Catlins Coastal Area
- Cascade Creek Campsite, Fiordland National Park
- Moke Lake Campsite, Queenstown, Queenstown Area
- Kerr Bay Campsite, Lake Rotoiti, Nelson Lakes National Park
- Totaranui Campground, Abel Tasman National Park
- Harvey Bay Campsite, Pelorus and Kenepuru Sounds Area, Marlborough

Schön, aber nicht vom DOC betrieben war das Punakaiki Beach Camp, www.punakaikibeachcamp.co.nz, ein Campingplatz am Strand mit Blick auf die Steilküste des Paparoa National Parks.

Die schönsten DOC-Campingplätze auf der Nordinsel, auf denen wir übernachtet haben:

- Kaimanawa Road Campsite, Tongariro Area
- Mangawhero Campsite, Tongariro Area
- Stony Bay Campsite, Northern Coromandel

Sehr gut gefallen hat es uns auch hier:
Waikite Valley Campground and Thermal Pools, www.hotpool.co.nz, ein privatbetriebener komfortabler Campingplatz mit angeschlossenen Thermalquellen, die man kostenlos mitnutzen kann.

Und das waren die Höhepunkte unserer Tour (in zeitlicher Reihenfolge)

- Die Banks Peninsula bei Christchurch: Pittoreske Landschaft mit grünen Hügel und tollen Buchten wie die der Le Bons Bay. Das französisch anmutende Städtchen Akaroa ist Ausgangspunkt für Bootstouren in die umliegenden Gewässer, in denen eine seltene Delfinart lebt.
- Lake Tekapo und Mount John: Karge Hügelketten umrahmen den unglaublich türkisblauen Lake Tekapo und einige weitere Seen in der Umgebung. Eine schöne Rundwanderung erfasst die Sternwarte auf dem Mt. John. Nachts ist der sternenübersähte Himmel von einer unfassbaren Klarheit.
- Dunedin und die Otago Peninsula: Die weltgrößte Albatroskolonie auf dem Festland ist auf der Halbinsel beheimatet. Dunedin ist eine liebenswerte Stadt mit einem berühmten Bahnhof.
- Die Catlins: Eine wunderschöne, entrückte Gegend südlich von Dunedin mit zwei von uns besuchten DOC-Campingplätzen (s.o. Tawanui und Purakaunui-Bay). Für uns gehört der Aufenthalt in den Catlins zu den schönsten Erinnerungen.
- Der Doubtful Sound und der Fiordland Nationalpark: Ersterer ist nur per organisierter Tour zu bereisen, ein perfekter Ausflug, wenn das Wetter mitspielt. Bekanntester Vertreter des Nationalparks ist der Milford Sound mit seinen majestätischen Bergen. Auch die Strecke von Te Anao nach Milford ist sehr beeindruckend. Der Milford-Track ist einer der berühmtesten Great Walks.
- Der Moke Lake bei Queenstown: Ein Zufallstreffer mit einem abgelegenen DOC-Campground, hier gefiel es uns wesentlich besser als in der nahegelegenen Geburtsstätte des Bungee Jumpings.
- Lake Wanaka auf dem Weg zur Westküste: Wild und windig liegt dieser See im Herzen der Südinsel und vermittelt ein sehr ursprüngliches Gefühl.
- Die Westküste bei Punakaiki und der Paparoa-Nationalpark: Bizarre Palmen wachsen die Hänge der wind- und stumgepeitschten Steilküste hinauf, die berühmten Pfannkuchenfelsen bilden das bekannteste Highlight der Region. Weiter südlich wartet die Gletscherregion auf einen Besuch, dabei haben uns die Schilder mit dem Schwund derselben am meisten beeindruckt.

- Der Abel Tasman National Park: Golden schimmernde Buchten vor dem leuchtendem Grün des Regenwaldes, zahlreiche Möglichkeiten für (mehrtägige) One-Way-Wanderungen, wenn man sich mit einem Boot zum entlegenen Ende des Park fahren lässt.
- Wellington: Ein Tag in der coolen Hauptstadt macht Spaß, ein Besuch des Te Papa Museums ist informativ und beeindruckend, die vielen Cafés und Restaurants eine schöne urbane Abwechslung.
- Tongariro Nationalpark: Mit dem Tongariro-Alpine-Crossing bietet sich hier die Möglichkeit für eine großartige Tageswanderung. Mount Ngauruhoe und Mount Ruapehu dominieren das Bild der faszinierenden, wüstenartigen, vulkanischen Landschaft. Auch kürzere Wanderungen sind sehr lohnenswert. Wer möchte, kann in Whakapapa auf einem aktiven Vulkan Skilaufen.
- Die Umgebung von Rotorua bietet blubbernden Schlamm, ätzende Seen, dampfende Höhlen, Schwefelgeruch überall und anschließende Entspannung im Thermalbad. Außerdem ist sie eine der Regionen, in der man gut in die Kultur der Maori eintauchen kann.
- Die Coromandel-Peninsula: Auf der Stony Bay Campsite am Ende der Welt haben wir einige sehr entspannte Tage verbracht. Die Cathedral Cove und der bekannte Hot Water Beach finden sich in der Region.

Persönliche Empfehlungen – Adressen

Allgemeine Informationen:	www.newzealand.com
	www.doc.govt.nz
Ökotourismus und mehr:	www.organicexplorer.co.nz
Unsere Unterkunft in Christchurch:	www.panchakarma.co.nz
Siehe auch:	www.organicexplorer.co.nz
Baby-und Kleinkindausstattung:	www.babycity.co.nz
	www.babyfactory.co.nz
	www.milkstore.co.nz
Favorit für ausgewogene Ernährung:	www.onlyorganic.co.nz

Viele Tipps, Adressen und Informationen zu unserer Reise und dem Reisen mit Baby findet ihr auch unter facebook.com/mitkofferkindundkiwi